GEORGES MEYNIÉ

LES JUIFS

EN ALGÉRIE

PARIS
NOUVELLE LIBRAIRIE PARISIENNE
ALBERT SAVINE, ÉDITEUR
18, RUE DROUOT, 18

1888

Tous droits réservés

L'Algérie Juive, 1 vol. in-18 jésus broché, 3e édition, **3 fr. 50**
La Russie Juive, 1 vol. — — — **3 fr. 50**

LES
JUIFS EN ALGÉRIE

MÊME LIBRAIRIE
Collection in-18 jésus à 3 fr. 50
Envoi franco au reçu du prix (timbres ou mandat)

DU MÊME AUTEUR
L'Algérie juive, 3ᵉ édition.

KALIXT DE WOLSKI
La Russie juive, 3ᵉ édition.

GREGOR SAMAROW
Les Scandales de Berlin, 7ᵉ édition, 4 volumes.
L'Écroulement d'un Empire, 2ᵉ édition, 2 vol.
Mines et Contremines, 2ᵉ édition, 2 volumes.

HENRI CONTI
L'Allemagne intime, 4ᵉ édition.

V. ALMIRALL
L'Espagne telle qu'elle est, 2ᵉ édition.

LÉON HUGONNET
Chez les Bulgares, 2ᵉ édition.

LÉON TIKHOMIROV
Conspirateurs et Policiers, souvenirs d'un proscrit russe, 2ᵉ édition.

ROBERT CHARLIE
Le Poison allemand, 3ᵉ édition.

FRANÇOIS LOYAL
L'Espionnage allemand en France, 3ᵉ édition.

MARINA POLONSKY
Causes célèbres de la Russie, 2ᵉ édition.

PAUL DARRAS
Causes célèbres de la Belgique, 3ᵉ édition.

NAPOLÉON BONAPARTE
Œuvres littéraires, 4ᵉ édition.

ASNIÈRES. — IMPRIMERIE LOUIS BOYER ET Cⁱᵉ.

GEORGES MEYNIE

LES JUIFS

EN ALGÉRIE

PARIS
NOUVELLE LIBRAIRIE PARISIENNE
ALBERT SAVINE, ÉDITEUR
18, RUE DROUOT, 18

1888

PRÉFACE

Le devoir de chaque Français, qu'il habite la France ou l'Algérie, est de combattre les Juifs, parce que nous avons déjà appris à nos dépens qu'ils sont une race léthifère. Ils sont, en effet, à l'espèce humaine ce que l'Upas est au règne végétal.

Les théories humanitaires, excellentes en principe, doivent en pratique être mûries en serre chaude et appliquées avec une extrême réserve.

Il est des antipathies de race que nul effort humain ne saurait éteindre, car cet effort est stérilisé d'avance par des résistances inattendues, des incompatibilités radicales.

S'il se trouve encore en France, des hommes assez indifférents pour négliger cette importante question juive, qui est enfin à l'ordre du jour, nous avons constaté par le coup porté par l'*Algérie juive* qu'il n'en était pas ainsi en Algérie. A côté de certaines lettres injurieuses *et toujours anonymes* de youddis enrichis par le vol ou l'usure, nous avons reçu, de Français ou d'Arabes, de nombreux remerciements pour la campagne que nous venions d'entreprendre.

Chacun de ces derniers correspondants nous donnait des faits à l'appui de la théorie que nous avions exposée ; malheureusement, il nous a été impossible de les mettre tous à profit.

Le Juif qui, depuis deux mille ans, gonfle son parasitisme de tous les sucs de l'arbre social dont il est le lierre tenace, le puceron avide, le Juif a trouvé sur sa route la nation réputée la plus généreuse, la plus chevaleresque du monde ; il s'est attaché à ses flancs, et, lentement, patiemment, sournoisement, l'a envahie, l'a possédée, l'a dépouillée, l'a gangrenée.

C'est avec le sang de 93 que la France baptise les Juifs français, c'est sur les ruines de l'Alsace-Lorraine qu'un décret du gouvernement de la Défense Nationale les proclame citoyens français en Algérie.

Parasites morbifères, ils ont porté la décomposition dans notre milieu social. Non seulement ils ont épuisé notre vitalité mais encore ils ont sapé notre moralité. Adorateurs du veau d'or, ils nous tiennent par l'or ; ils nous ont, par contagion, conquis à leur culte.

Quand nous sapions les royautés, ils se proclamaient rois : *les rois de l'époque*, comme les appelait Toussenel, et ce fut par la corruption qui monte de la base au sommet de l'arbre, qu'ils se proclamèrent rois.

Si l'individu, en tant qu'être humain, se doit à l'humanité, s'il a le droit, nous dirons même le devoir, d'ouvrir son cœur aux idées généreuses en tant que collectivité, en tant qu'unité sociale, c'est-à-dire nation, il a aussi le droit et le devoir d'être égoïste, d'être fermé à tout ce qui n'est pas *lui*. C'est la condition de la vie sociale dans l'éternelle lutte pour l'existence des peuples.

C'est cet égoïsme social qui explique la puissance vitale du groupe hébraïque, qui, comme les courants sous-marins, traverse l'océan des peuples sans être absorbé. Ne cherchons pas ailleurs le secret de la prospérité croissante de l'Angleterre et de l'Allemagne, non plus que la cause de l'affaiblissement graduel de la France.

Pour redevenir les maîtres chez nous, nous devons, sans hésitation, broyer la tête du serpent que nous avons réchauffé dans notre sein.

Après avoir éclairé le peuple, il faut que les hommes qui se sont mis à la tête du mouvement anti-sémitique, indiquent un moyen radical pour détruire le polype morbifère.

C'est le but que nous poursuivons, et lors des prochaines élections, nous demanderons à tous les Français les armes nécessaires pour agir énergiquement.

Après la publication de la *France juive* de M. Ed. Drumont, nous avons essayé de traiter la question juive en Algérie.

Dans notre premier ouvrage, nous avons exposé la théorie, nous réservant d'apporter des faits à l'appui de notre thèse.

En lisant *Les Juifs en Algérie*, les plus sceptiques se convaincront que nous sommes toujours resté au-dessous de la vérité.

Notre tâche sera loin d'être terminée. Après avoir montré le mal en Algérie, comme M. Drumont l'avait déjà fait pour la France, il nous faudra indiquer un remède efficace.

Les Juifs arrivent toujours à gangrener les hommes au milieu desquels ils vivent et les faits scandaleux dont nous venons récemment d'être témoins, ne sont que la conséquence de la puissance des Juifs.

Que doivent penser de nous les autres puissances européennes, en prenant connaissance des récits publiés dans certains journaux sur les tripotages, nous pourrions dire les escroqueries de nos hommes d'État ?

Quel spectacle inouï que cette promiscuité de banquiers juifs et de ministres promenant leur majesté dans les réalités d'un monde interlope !

A côté de Wilson, d'Andlau, et autres élus, s'associant à des gens sans aveu pour exploiter de naïfs Français, nous trouverions certainement des Juifs, et ceux-ci sont les ordonnateurs du complot.

En présence de l'émotion causée dans le public par la révélation de ces honteux tripotages, la Chambre a voté l'urgence sur l'enquête demandée par M. Cunéo d'Ornano, député de la Charente ; mais nous ne voyons là qu'un moyen détourné de tromper les électeurs, car il y a trop d'hommes compromis, parmi les députés et anciens ministres appelés à se prononcer, pour que la lumière se fasse.

Ces faits et plusieurs autres, que nous nous réservons de publier dans un prochain ouvrage, montreront jusqu'où sont tombés les hommes chargés de présider aux destinées de la France.

Publicistes et hommes politiques ne sont pas les seuls à la merci des Juifs, les commerçants sont réduits au même esclavage. C'est là un état d'impuissance contre lequel nous protestons. « Nous détestons les Juifs, nous ont dit certains négociants, mais nous avons besoin d'eux. » Quelques-uns même nous ont demandé d'être l'instigateur de sociétés secrètes dans le but de préparer la chute des Juifs.

A ceux-là nous répondrons que c'est là un mauvais système. Les sociétés secrètes sont contraires à notre caractère national, et nous avons pu nous convaincre par celles du passé qu'elles ont toujours été accaparées par nos adversaires.

Le Français est assez énergique pour entreprendre la lutte ouvertement. Il ne faut plus que les descendants de ces hommes qui, sous le premier Empire, ont fait trembler l'Europe, tremblent eux-mêmes devant une poignée d'usuriers, qui, battront bien vite en retraite, lorsqu'ils apercevront la matraque.

L'arme dont nous allons nous servir sera le bulletin de vote.

Nous devons provisoirement abandonner la question politique, et, lors des élections, demander à chaque candidat de se prononcer pour ou contre les Juifs.

Dans *les élections anti-juives, en France et en Algérie*, nous prendrons dans chaque département les hommes qui ont encore conservé leur indépendance, et nous les obligerons à se prononcer nettement.

Si nous arrivons à faire nommer quelques députés assez énergiques pour expliquer à la tribune de la Chambre les véritables causes du malaise général, nous verrons tous les élus de la province, aveugles ou inconscients, se tourner naturellement vers eux et crier en chœur : « A bas les Juifs ».

Tel est le but de notre campagne antijuive, et nous sommes convaincu que les élections de 1889 prouveront aux plus incrédules que les électeurs ne veulent plus du Juif, le plus dangereux ennemi de la France.

L'Algérie ne sera plus leur terre promise.   GEORGES MEYNIÉ.

LES
JUIFS EN ALGÉRIE

I

CONTES ARABES

Vous souvient-il, lecteurs, de ces histoires de l'ancien temps, racontées, le soir, à la veillée, par vos vieux parents? Que de fois, lorsque vous étiez enfants, il a fallu, pour vous endormir, vous répéter un de ces contes que vous préfériez. Alors le sommeil venait et vous rêviez ce que vous veniez d'entendre! Plus tard, vous étiez heureux de vous rappeler ces histoires, parce qu'elles vous dépeignaient, mieux que les récits de nos meilleurs historiens, les mœurs d'il y a cent ans. Qui de vous n'a eu un aïeul fier, en vous prenant sur ses genoux, de vous raconter ses anciennes campagnes ? Qui de vous n'a entendu répéter cent fois par sa grand'mère des histoires de revenants ou de loups-garous ?

De tous ces récits, dont quelques-uns sont encore présents à votre mémoire, vous avez tiré cette conclusion : Comme nos ancêtres étaient courageux ! Mais comme ils étaient ignorants et superstitieux !

De tout temps, chez les peuples illettrés, les anciens aimaient à narrer aux jeunes tant ce qu'ils avaient vu que ce qu'ils avaient appris eux-mêmes de leurs ancêtres.

Ce qui se faisait en France, il y a cinquante ans, se fait aujourd'hui en Algérie. Les vieux Arabes sont heureux de raconter à leurs fils certaines traditions qui établissent, mieux que tout ce que nous pourrions dire, dans quelles conditions ils se trouvaient autrefois vis-à-vis des Juifs.

Parmi les contes que nous avons souvent entendus, nous choisissons ceux qui peuvent donner à nos lecteurs l'idée la plus juste de ce qu'étaient les Juifs sous le gouvernement turc.

Histoire d'un Miracle.

Il fut un temps où les deux rivages de la Méditerranée vivaient en mauvaise intelligence.

Les roumis se plaignaient des fidèles croyants qui, disaient-ils, abusaient du droit de visite en prenant leurs navires, et poussaient leur insolente familiarité jusqu'à venir enlever sur les côtes d'Europe les hommes, les femmes et les jeunes filles, pour asservir, les uns à leurs besoins, les autres à leurs plaisirs.

Ces barbares, qui auraient dû être flattés de l'hommage rendu à l'adresse intelligente de leurs hommes et à la beauté de leurs femmes, eurent la petitesse de se fâcher de ces procédés.

Pour témoigner leur mécontentement, ils eurent l'outrecuidance d'armer des navires de guerre, de les remplir de soldats et d'engins meurtriers, et de venir avec de mauvaises intentions troubler la tranquillité des habitants du littoral africain.

Ils osèrent même descendre à terre pour accomplir leurs criminels desseins ; mais ces témérités sacrilèges furent terriblement châtiées. Beaucoup d'entre eux périrent ; les autres regagnèrent leurs navires, et quelques-uns seulement purent aborder en France.

Malgré ces échecs, ils eurent la folie de revenir ! Toutefois ils jugèrent prudent de rester éloignés du rivage, et se bornèrent à dépouiller au passage les marchands qui transportaient les produits algériens.

En apprenant ces nouvelles, les Arabes profitèrent traîtreusement des circonstances pour élever le prix de leur grain et finalement pour n'en plus apporter.

Les magasins d'Alger se vidèrent promptement et la famine se fit cruellement sentir ; le peuple se révolta et le dey fut contraint d'ordonner de sanglantes exécutions.

Afin de mettre un terme à une pareille situation, le dey envoya une forte milice contraindre les insoumis à payer l'impôt en retard, ou à donner leur blé en paiement.

Mais les rusés bédouins, qui s'attendaient à

cette visite, résistèrent en armes à l'ordre du dey, dont les soldats, accablés par le nombre, furent mis en déroute et ramenés en désordre vers Alger. Ils y arrivèrent, talonnés de si près par l'ennemi, qu'il fallut fermer les portes pour empêcher les Arabes de piller la ville.

Ceux des malheureux soldats qui restèrent hors des murs furent massacrés et les bédouins bloquèrent Alger [1].

Le dey résolut d'en finir d'un seul coup : il ordonna l'armement immédiat de tous les hommes valides de seize à soixante ans.

Pour augmenter l'effectif, les Juifs furent également appelés sous les armes.

Ces malheureux désespérés, crièrent, se lamentèrent. Rien n'y fit. Les janissaires les arrachèrent de leurs maisons et les poussèrent à coups de bâton vers l'arsenal; puis après les avoir armés, ils les conduisirent vers une des portes.

Les vieillards, les femmes et les enfants

---

[1]. Sous le gouvernement turc, les Arabes ne se résignaient que difficilement à payer l'impôt : ce fut du reste la principale cause de leurs fréquentes révoltes.

coururent à la synagogue pour implorer l'assistance du Dieu de Moïse.

Sur la demande de ses ouailles, le Grand Rabbin se rendit, aussi vite que le lui permirent ses soixante-quinze ans, au palais beylical, et demanda à voir le souverain.

Admis en sa présence, il se prosterna la face contre terre.

— Que veux-tu ? dit le dey ; parle, Juif !

— Pitié ! généreux Seigneur, grâce pour ceux que vous avez condamnés à mort !

— Que dis-tu, vieux fou ? Je n'ai condamné personne.

— Grâce ! magnanime Seigneur, reprit le Rabbin, grâce pour ces pauvres enfants d'Abraham que vous avez envoyés à la mort pour le salut de la ville et le vôtre ! Ayez pitié, Seigneur, des mères, des épouses, des sœurs et des enfants qui sont dans l'affliction et tremblent pour leurs parents.

— C'est pour les défendre que j'ai ordonné aux hommes de faire leur devoir. Tes hommes marcheront comme les autres.

— Ils ont marché, Seigneur.

— Où sont-ils?

— Derrière la porte Bab-el-Oued.

— Eh bien ! qu'ils sortent !

— On les en empêche.

— Qui ça ?

—Une cinquantaine de gamins turcs, armés de pierres, ne veulent pas les laisser passer.

— Combien sont-ils tes braves ?

— Ils y sont tous.

— Enfin, combien ?

— Près de cinq mille.

— Que demandes-tu donc ?

— Une escorte de soldats pour les protéger contre les gamins, à qui ils ne veulent pas faire de mal.

Le dey indigné, envoya un violent coup de pied au visage du Rabbin prosterné et lui cassa sa dernière dent. Il le chassa ensuite en lui disant :

—Je vais ordonner de désarmer ces chiens, fils de chiens ! Ils sont tellement lâches qu'au combat ils mettraient le désordre dans les rangs. Un homme qui tiendrait un fouet en chasserait mille devant lui !

Le Rabbin se releva en murmurant des paroles de bénédiction et se retira en marchant à reculons.

En arrivant à la synagogue, la bouche encore pleine de sang, le vieux Juif annonça le succès de sa démarche en ces termes :

— Louez Dieu qui a encore sauvé son peuple ! Chantons en chœur le cantique de la délivrance ! Vos hommes vont rentrer chez eux.

Avant de se retirer, quelqu'un proposa de conserver précieusement la dent du vénérable Rabbin en souvenir de son courage héroïque ; ce qui fut adopté par acclamation.

Un autre proposa de lui offrir une récompense nationale à laquelle chaque chef de famille et chaque célibataire contribuerait également, selon sa fortune et le nombre de ses parents.

Après une longue discussion, il fut convenu qu'un grand tonneau recevrait par la bonde, le contenu d'une bouteille de vin *Kachir*, que chacun y verserait en présence d'un secrétaire, qui inscrirait le nom des donateurs. De plus, et pour n'humilier personne, à cause de sa pauvreté, la bouteille serait apportée sous le vêtement et versée par la personne elle-même.

Il était de l'honneur de chacun de n'apporter que le meilleur vin possible.

Quand tous, chefs de famille et célibataires, eurent versé leurs cotisations, on ouvrit le robinet pour goûter ce mélange composé du vin des pauvres et de celui des riches. O surprise ! O miracle ! il ne sortit que de l'eau !

Chaque Juif, pauvre ou riche, avait apporté un litre d'eau, espérant que cette faible quantité ne paraîtrait pas... dans le nombre.

La Justice à la turque.

Au temps où les infidèles (qu'ils soient maudits) tenaient la ville d'Alger bloquée, les objets de première nécessité manquèrent entièrement.

Les plus hardis marins tentèrent en vain de forcer le blocus, les uns furent pris, les autres coulés; très peu réussirent à tromper la surveillance vigilante de leurs ennemis.

Il y avait alors à Marseille, un capitaine

de mercantis, nommé Marius Cabasson, qui, connaissant la route d'Alger, pensa que, s'il pouvait éviter la croisière, il ferait une bonne affaire, en apportant ici ce qu'il croyait devoir y manquer.

Pour ne pas retarder la marche de son navire, il ne se chargea que de choses de peu de poids, mais de grand prix. De plus, le rusé compère, qui connaissait la marche de son fin voilier, calcula si bien toutes les chances du vent, des courants, de la lune et des tempêtes, qu'à la faveur de la nuit et du brouillard, il aborda à Alger sans avoir été aperçu.

L'arrivée d'un navire, bourré de provisions, fut un événement dont la nouvelle se répandit aussitôt en ville.

Les dernières manœuvres du mouillage n'étaient pas achevées, que déjà, de tribord et de babord, le navire était assailli par des embarcations, montées par des Juifs, qui venaient essayer d'acheter à vil prix ce qu'ils se proposaient de revendre très cher.

C'est le commerce, n'est-ce pas ?

Mais le Provençal avait donné la consigne

à son équipage de chenapans, de ne laisser monter qu'un homme à la fois, et ils étaient numérotés à mesure qu'ils descendaient, après avoir fait leurs offres.

Ces visites durèrent deux jours et demi.

Cabasson traita avec celui qui lui avait fait les meilleures offres. C'était un petit Juif au poil roux, à la barbe rare, au nez pointu, aux yeux rouges et chassieux, à l'air chafouin. Il promit de payer comptant, en or, après livraison.

Ce que pendant cinq jours, on sortit de ce navire, est inimaginable ! Tout fut pesé, compté, mesuré, vérifié minutieusement. Quand l'opération du déchargement fut terminée, l'acquéreur dit qu'il allait faire ses calculs, pour qu'il n'y eût pas d'erreurs. C'était tout naturel et le vendeur devait en faire autant de son côté. Il fut donc convenu qu'ils se retrouveraient deux jours plus tard.

Pendant ce temps, le capitaine s'occupa de son chargement de retour ; puis il alla chez le Juif pour toucher son argent.

— Ah ! moun ami, moun chir ami, j'y crois

qu'il n'a pas fini mis coumis ; mais, chouya, chouya, rédoua, j'y garderai moa même y toute souite per pagar drahme à toi, sidi.

L'enfant de la Cannebière s'en alla satisfait et revint le lendemain.

— As-tu fini tes calculs ? dit-il au Juif.

— Ah ! moun chir ami, j'y trouvi oune bidid error.

— Quoi donc ?

— Il a crivi sur la facture mia grosses mouchoirs di Rouen, et citi mouchoirs iti bidide, bas grosses di toute et di coton et bas di Rouen ! Moa j'y connais, toi ti peux bas trapper moa.

Le vendeur expliqua ce que le Juif avait l'air de ne pas comprendre. La mauvaise foi de ce dernier fit lâcher au Provençal plusieurs bordées de Troun de Diou.

Enfin, le youddi termina le colloque en disant :

— Buéno, buéno, rédoua, à la tardi, youn macache drahme rédoua, rédoua à la tardi.

Le jour suivant, le raïs reçut à son bord la visite de tous ceux à qui il avait acheté des marchandises ; ils venaient pour se faire payer. Tous criaient à la fois, comme si on les eût écorchés.

— Comment! Macache drahme ! Toi carottier bezeff ! Fissa, fissa chez le cadi !

Marius ne put se débarrasser de ces importuns visiteurs qu'à l'aide de ses robustes matelots, qui, à coup de poing, les firent sauter dans leurs embarcations.

A la suite de cet incident désagréable, le Phocéen était de très mauvaise humeur en arrivant chez son débiteur, qui parut étonné de le voir.

— Qu'est-ce qui c'est? Qu'est-ce qui ti veux?

— Je viens chercher mon argent.

— Moun chir ami, je ti dit, redoua, redoua, c'est-à-dire après doumain, viens donc doumain.

— Que le troun de Dieu te casse !

Le lendemain était un vendredi.

Marius eut de la peine à se débarrasser de la meute de ses créanciers qui le suivirent jusque chez son débiteur, alors absent de chez lui, Il ne trouva que des femmes qui ne comprirent pas un mot de ce qu'il leur dit ; mais un enfant lui apprit que le patron, Salomon ben Chimal, était à la synagogue, ajoutant que, le lendemain, jour du sabbat, il était inutile de revenir.

Cabasson fut forcé de se contenter de cette réponse peu satisfaisante.

Le samedi commençait une fête qui devait durer dix jours. Le Marseillais ne pouvant prolonger son séjour à Alger, alla attendre son débiteur à la sortie de la synagogue.

— Eh bien ! veux-tu me payer?

— Moun chir ami, fallait vénir avant. Voilà que ci nos fêtes et il n'y a pas de possibilité de toucher l'argent. Cit oune péché bor nos autres Israélites.

Il y avait là de quoi user la patience d'un saint, et certes Marius Cabasson n'en était pas un.

Il se rendit directement auprès du cadi qui était à la djinina. Après avoir expliqué ce qui l'amenait, le juge lui dit :

— Oui, sidi, ce Juif est un coquin comme tous les autres, je le connais ! mais il est vrai que les Juifs sont en fête et que le gouvernement qui les tolère leur permet de la célébrer.

— Cependant, Seigneur cadi, je suis obligé de partir et il me faut payer mes vendeurs qui sont à mes trousses et profiter de l'absence de lune pour échapper à la croisière. Bref, je veux mon argent.

— Je comprends tes raisons, et je vais envoyer chercher le Juif immédiatement.

Un quart d'heure après, deux chaouchs amenèrent le dévôt personnage.

— Salomon ben Chimal, tu connais le sidi que voilà ?

— Oui bien, moa j'y connais loui.

— Tu reconnais lui devoir soixante-dix mille sequins ?

— Oui, sidi cadi.

— Il faut le payer tout de suite !

— J'ai vendu les marchandises et j'y n'ai pas été payé, à cause que ci nos fêtes de la religion de nos autres; tu sais bien, sidi, ci défendu ber li boun Diou.

— Oui. Eh bien ! Emprunte et paie.

2.

— Aucun Israélite ne peut toucher l'argent ; cit oune gros péché.

— Il y a des Turcs et des renégats qui t'en prêteront, et le roumi seul le touchera sans qu'il passe par tes mains. Allons ! va vite.

— J'y vais fissa, fissa.

— Et toi, dit le cadi au raïs, comment veux-tu être payé, à la turque ou à la française ?

— A la française, troun de l'air !

— Écrivez, dit le juge à son kodja ; il a dit à la française... Va, toi, maintenant. Tu reviendras demain.

A l'audience suivante, ben Chimal revint la figure triste :

— Moun Diou ! Moun Diou ! li Turc, il i pire qu'un Arabe, il vouli donner que la moitié de la somme contre la quittance di tout. Cit homme it un chacal !

A ces mots, le capitaine fit un geste énergique de refus.

Le Juif reprit :

— Si seulement il se contentait di tiers, tu pourrais accepter, mais la moitié c'est trop. Je lui ai dit à ci Turc !

A cette insidieuse proposition, le Marseillais, frappant du pied, s'écria avec colère :

— Troun di Diou ! je ne sais ce qui me retient d'étrangler ce coquin de Juif.

— Tu refuses, dit le juge, au Marseillais ?

— Bagasse ! si je refuse !

— Tu peux te retirer, Salomon, et toi, Marius, veux-tu toujours être payé à la française ? Ecrivez, kodja.

— Ah ! ze m'en f..., pourvu que ze sois payé, que z'ai mon argent ! A la sinoise ou à l'anglaise, ze m'en f... troun de l'air du bon Diou !

— A la bonne heure ! C'est parler ! si tu avais dit cela plus tôt, tu aurais ton argent depuis longtemps. Mais tu vas l'avoir... Chaouchs, courez après le youddi et ramenez-le.

Quand le Juif parut, le cadi lui dit :

— Tu vas payer tout de suite le roumi.

— Mais, sidi, ti sais bien que nos autres, nous ne pouvons toucher de l'argent pendant nos fêtes.

— Chaouchs, saisissez ce chien et commencez par cinquante coups de bâton sous les pieds.

Salomon fut aussitôt garrotté, renversé sur le dos, et les pieds réunis attachés à une tringle fixée à deux piquets de fer plantés en terre.

Chaque chaouch, un long et mince bâton d'olivier à la main, attendit le signal.

— Veux-tu payer tout de suite ? répéta le cadi.

— Moun Diou, moun Diou, ayez pitié de moi !

— Allez ! dit le juge ; comptez, Kodja !

Le pauvre youddi poussait des cris terribles, tandis que le cadi causait avec son adel.

Le sang avait jailli, et le capitaine, ému de pitié, allait demander grâce et arrêter l'exécution, lorsque le supplicié cria qu'il allait payer... demain !

— Continuez, dit froidement le juge.

— Arrêtez, je vais payer immédiatement.

On releva le Juif, on l'assit devant une table, et le secrétaire écrivit, sous la dictée du cadi, une cédule pour un banquier turc de la ville. Le Juif la signa, le juge y mit son cachet et, moins d'une heure après, Marius Cabasson avait son argent[1].

Ensuite, le Juif, qui ne pouvait plus poser les pieds à terre, retourna chez lui, monté sur un âne, sans avoir pu obtenir d'autre escompte que quarante coups de bâton.

Le raïs remercia le juge, qui lui donna une escorte pour l'accompagner et une corvée pour porter son or. Puis il lui dit :

— Eh bien ! sidi, que penses-tu de la justice à la turque ?... Dans six mois tu n'aurais pas eu ton argent, en te faisant payer à la française. A la française, toujours du papier timbré et macache douros ! Et les avocats, avoués, huissiers, procureurs !!!.. Avec ces gens-là, vois-tu, c'est toujours comme cela qu'il faut faire. Nous les connaissons mieux que vous. Il faut les tenir à l'attache sous le bâton. Si nous les laissions libres, ils nous

---

[1] Si cet excellent procédé était employé en France, les Juifs n'useraient pas aussi facilement de la faillite pour voler leurs créanciers.

mangeraient et deviendraient maîtres chez nous et propriétaires de tous nos biens.

Ils s'entendent tous comme larrons en foire. Ils s'emplissent d'or comme s'ils étaient des éponges ; il faut les presser pour en tirer quelque chose.

— Oui, c'est possible, répondit Marius, mais le malheureux n'en a pas moins reçu quarante coups de bâton.

— Bah ! bah ! je te conseille de le plaindre. Tu es maboul (*toqué*) ! Il recommencera demain ! C'est un Juif !

Au café Maure.

— Aux jours heureux succèdent les mauvais jours.

Après avoir vécu dans l'aisance, je me suis trouvé subitement ruiné. Mais le Miséricordieux ne m'a pas abandonné, et j'ai regagné ce qu'on m'avait pris.

Celui qui parlait ainsi portait le costume et le turban des lettrés et s'appelait Sidi-Aggoub. Il était assis au milieu de quelques

Arabes qui semblaient lui porter un certain respect.

L'un d'eux lui dit :

— Raconte-nous donc, je te prie, comment le malheur est entré chez toi, qui vivais dans l'abondance et ne devais rien à personne ? Dis-nous aussi comment tu t'y es pris pour refaire ta fortune ?

— C'est très simple : un Juif m'a ruiné, les roumis m'ont relevé. Cependant j'ai passé de bien mauvais moments.

Je vivais heureux et tranquille ; mes silos pleins, mes troupeaux en bon état, je me laissais bercer par une douce insouciance.

Je me plaisais à bien recevoir les hôtes que Dieu m'envoyait ! Je songeais même à marier mes fils !

Un de mes amis, coureur d'aventures comme il y en a tant, vint me demander cent francs, en me disant : « Il me les faut immédiatement ; je vais ce soir en expédition amoureuse, et, pour réussir, j'aurai besoin de quelques douros. »

— Que me demandes-tu là, Bou Zian ? tu

sais bien que nous n'avons pas d'argent. Qu'en ferions-nous, nous qui avons tout ce qu'il nous faut sous la main ? Veux-tu du blé, de l'orge, des moutons ? Choisis ! Mais de l'argent, je n'en ai pas. Attends le marché prochain, je vendrai quelques récoltes et te prêterai cent francs, deux cents, si tu veux.

— Non, non, cent me suffisent, mais il me les faut aujourd'hui, avant la chute du jour. Tu es mon ami, et tu ne voudrais pas m'obliger à m'adresser à un autre.

— Bien, lui répondis-je, flatté dans mon amour-propre, je vais tâcher de me procurer les vingt douros.

Je partis aussitôt pour aller trouver un Juif récemment installé dans un nouveau village, créé près d'Oran. Je pensai que cet enfant de Moïse, chez qui je prenais toutes mes provisions, ne me refuserait pas ce service.

En arrivant au village, je trouvai Jacob accroupi au milieu d'un fouillis de sacs, de caisses, de tonneaux et de mille objets disparates.

Il me salua, en m'appelant son seigneur et son maître, et me demanda ce que je voulais.

— C'était, dit-il, le ciel qui m'envoyait pour profiter d'une bonne occasion.

Il venait précisément de recevoir du sucre et du café de première qualité.

— Non, lui dis-je, je n'ai pas besoin de marchandises aujourd'hui, il me faut de l'argent. Prête-moi cent francs.

— De l'argent ! s'écria le Juif en levant la tête ; vous voulez de l'argent ?

— Oui, Jacob, vingt douros.

— Grand Dieu ! mais je ne les ai pas.

— Allons ! cherche bien.

— Mais quelle garantie me donnerez-vous ?

— Qu'as-tu besoin de garanties, ne me connais-tu pas ? Tu sais que j'ai des terres, des troupeaux, des grains ; que crains-tu ? Tu connais ma solvabilité.

— Oui, je sais tout cela, j'ai bien confiance en vous, mais il me faut votre signature. Je n'aurais sans cela aucune garantie, s'il vous arrivait malheur. D'ailleurs, je vous rendrai votre reçu quand vous rapporterez l'argent.

— C'est juste! Allons, donne ton papier, j'y écrirai mon nom et tout sera dit. Tu es un brave homme !

—. En doutiez-vous ? Vous ai-je jamais donné une chose pour une autre ?

— Non, mais fais vite, je suis pressé. Tiens, passe-moi ce papier qui est là.

— Non, pas celui-là, je le vends deux sous la feuille; j'en ai de plus petit qui est moins cher et qui vaut mieux. Voyez-vous, nous autres, pauvres Juifs, nous sommes obligés d'économiser sur tout; le commerce va si mal!

Et il me tendit un papier, empreint de cachets; puis il me dit:

— Signez là, c'est tout ce qu'il faut. Avec vous, cela me suffit.

Et je signai sans défiance.

Hélas! j'ai appris à mes dépens que c'était un papier spécial.

Lorsque j'eus signé, il allongea la main, prit le papier, examina ma signature et glissa le reçu dans un portefeuille qu'il plaça dans un tiroir, dont il retira la clef.

Il me fit ensuite un discours sur la misère du temps, la rareté de l'argent, etc. Enfin il sortit d'un sac neuf pièces de cinq francs, puis s'écria comme un désespéré :

— Ah ! Seigneur mon Dieu ! On m'a volé ! j'avais cent dix francs dans ce sac ! Grand Dieu ! que vont devenir mes enfants ?

A la vue de cette douleur déchirante, je fus un moment ému, mais le jour baissait et mon ami devait m'attendre. Je dis à Jacob :

— Finissons, dépêche-toi, complète la somme.

— Je suis ruiné, je n'ai plus rien.

— Donne-moi de la monnaie !

— Ah ! les coquins ! On m'a tout pris.

— Cherche dans ton comptoir, fais vite ou rends-moi mon reçu.

Après avoir tout fouillé, tout remué, il retira des pièces d'argent et quelques sous.

Je rassemblai le tout, il y avait dix-sept douros, trois francs et sept sous.

Je ne pus obtenir davantage. L'heure avançait, il fallut me contenter de cela.

Je lui fis écrire sur un livre la mention de la différence et je partis.

Mon ami fut bien désappointé en voyant cette mitraille. Il prit tout et se sauva comme un fou, tant il était pressé.

Le jour du marché, je vendis quelques moutons et allai ensuite au village pour retirer mon reçu.

Là j'appris que mon créancier était allé passer les fêtes de la Pâque dans sa famille à Oran.

Le temps des fêtes passa, mais Jacob ne revint pas. Un autre Juif avait ouvert sa boutique. Il me fut par suite impossible de payer ma petite dette.

Le successeur de Jacob, nommé Maclouf, me dit que mon créancier viendrait me demander l'argent. Je pensai du reste qu'une aussi petite somme ne pouvait le gêner et je ne m'en préoccupai plus.

Un matin, étant assis devant ma porte, j'aperçus un groupe de roumis qui se dirigeaient de mon côté

J'appelai aussitôt ma femme en lui disant:

— Voici des visiteurs, prépare le café.

Ces chrétiens, qui m'étaient inconnus, ressemblaient extérieurement à ces gens qui passent leur vie à écrire.

Après avoir pris le café, qu'ils trouvèrent excellent, ils me firent connaître, par l'intermédiaire d'un affreux petit Juif, le but de leur visite.

L'un de ces roumis me prit à part, et, à l'aide de cet animal de Juif, me dit :

— Jacob, l'honorable commerçant qui habitait le village voisin, vous a prêté cent douros :

— Cent douros ! m'écriai-je. C'est une erreur ! Il n'y avait en tout que la valeur de dix-sept douros, trois francs et sept sous.

— Ne niez pas votre dette ! J'ai la preuve qu'il vous a prêté cette somme de cent douros.

— Non, cela n'est pas. Je lui ai demandé cent francs, et après m'avoir fait signer sur un papier, il n'a pu trouver la somme entière et ne m'a remis que ce que je vous dis.

— Vous reconnaissez pourtant devoir à Jacob ?

— Oui, mais pas cent douros. J'ajoute que je l'ai cherché pour le payer. Voilà un mois qu'il est parti.

— Tout cela m'est indifférent! Du reste, vous êtes tous les mêmes, vous autres arbicos, vous empruntez facilement, mais vous ne voulez jamais rendre. Je suis ici en qualité d'huissier. J'ai un billet de cent douros souscrit à trente jours; il n'a pas été payé à l'échéance et je viens vous signifier le protêt.

— Mais je vous le répète, il y a erreur; je n'ai jamais emprunté cette somme à personne.

— Allons! reprit-il en colère et en brandissant sa canne, faut-il, maudit arbico, vous mettre votre billet sous le nez? Regardez!

Et il me tendit un petit papier couvert d'écritures diverses et portant plusieurs empreintes de cachets. En regardant bien, je reconnus ma signature dans le bas.

C'était bien celui que j'avais signé en empruntant cent francs à Jacob. Je compris que j'étais victime d'une machination infâme.

L'huissier s'éloigna avec ses acolytes en me laissant un papier.

Tous avaient l'air furieux contre moi. J'en saisis le motif quand je vis l'affreux Juif me faire des signes menaçants.

— Voilà, me dis-je, une méchante affaire. Il me faut avant tout retrouver ce damné Jacob, afin d'éviter à l'avenir de nouvelles visites du bras droit de la justice [1].

Il était évident que la somme de cent douros avait été écrite par quelqu'un.

— Était-ce, me demandais-je, par le Juif, ou par l'huissier ?

Le soir même, je partis pour Oran.

Oran est la ville privilégiée des Juifs. Ils y affluent de tous côtés, ils y pullulent, ils y grouillent. Ils y ont leur consistoire : c'est de là que part le mot d'ordre.

En arrivant, je me dirigeai vers leur quartier, qui est le plus sale et le plus mal bâti de la ville. C'était le boulevard de la prostitution ! On n'y voyait qu'ordure et vermine.

[1]. Les Arabes considéraient l'huissier comme le bras droit de la justice.

Par son contact seul, cette race maudite pourrit tout, jusqu'à la terre qu'elle foule.

Par suite de la pluie tombée récemment, les rues étaient remplies de boue ; mais dans le quartier juif, c'était une fange infecte, pleine de détritus de toutes sortes.

L'Arabe qui traverse cette fourmilière impure y est considéré comme une proie ; il n'y chemine qu'assailli de quolibets et quelquefois même de projectiles.

Les enfants des Juifs seront un jour plus dangereux pour nous que leurs pères, et les mieux vêtus d'entre eux seront toujours les plus voleurs.

On dirait vraiment que tout est permis à cette engeance et que les Chrétiens en ont peur !

Si on est volé ou maltraité par eux, on ne peut obtenir justice ! On doit même ne rien dire.

Je fouillai les divers recoins de ce quartier malpropre, entrant dans tous les tripots où ils jouent et se volent. Je voulais obstinément trouver mon coquin de Jacob.

J'eus parfois de la peine à m'échapper sain et sauf des mains des habitués de ces tripots.

Toutes mes recherches étaient restées infructueuses, lorsqu'un samedi, j'aperçus mon youddi, se pavanant sur la grande place en habits galonnés d'or, et remorquant trois Juives bouffies et une douzaine d'enfants malpropres et mal peignés.

Jacob savourait les joies de la famille; il souriait avec orgueil en couvant de l'œil toute cette marmaille.

Je m'avançai pour lui parler.

En voyant un Arabe près de lui, il s'écria, selon la coutume des Juifs :

— Roh, beni kelb (Arrière, fils de chien!)

— Allons, Jacob, ne te fâche pas. C'est moi, celui que tu appelais ton maître quand tu étais en pays arabe.

Alors il me reconnut.

— Ah! me dit-il d'un ton respectueux, c'est vous, Monseigneur! Quel bon vent vous amène! Seriez-vous nommé caïd, agha ou bach-agha? Seriez-vous chargé d'un commandement?

— Celui de payer cent douros ne fait pas ma joie ! Je suis venu pour te voir.

— Que d'honneur vous me faites !

— Il ne s'agit pas d'honneur. Un huissier est venu me réclamer cent douros, ou plutôt est signifier un protêt pour un billet de cette somme que je t'aurais souscrit à un mois d'échéance. Je ne te dois que ce que tu m'as prêté, et cet argent, je l'ai dans ma djébira, prêt à te le rendre à l'instant. Il y a longtemps que tu l'aurais, si tu étais resté au village. Prends-le et écris sur un papier que je ne te dois plus rien.

— Je ne puis toucher d'argent aujourd'hui samedi, mais revenez demain à la même heure et nous règlerons cette affaire.

Le lendemain j'attendis vainement le pieux personnage ; Jacob ne parut point. Je pensai qu'il était malade.

Je me mis de nouveau à sa recherche et ne pus le rencontrer les jours suivants.

Tandis que je cherchais vainement mon créancier, je rencontrai un de mes voisins qui me dit :

— Qu'es-tu donc devenu ? On te croit mort là-bas. Que n'étais-tu chez toi ces jours derniers ?

— Que s'est-il passé d'extraordinaire ?

— Les roumis sont venus plusieurs fois apporter des papiers à ton adresse, et puis un jour ils sont revenus plus nombreux, ont enlevé les troupeaux et les ont fait vendre.

— Miséricorde ! Est-ce possible !

— C'est comme cela; ils ont dit que tu devais cent douros au Juif Jacob et cinquante à la justice. Nous avons voulu nous opposer à l'enlèvement, et ton plus petit enfant a été écrasé dans la bagarre.

— Oh ! le misérable Juif !

— Tu devrais te plaindre, les chrétiens te rendraient justice.

J'expliquai à mon voisin comment ce fripon de Jacob avait abusé de ma signature, en remplissant, à mon insu, le papier timbré, et se trouvait par suite en droit de me réclamer cent douros, alors qu'il ne m'avait prêté que quatre-vingt-huit francs et sept sous.

J'étais ruiné.

Il était inutile de réclamer. J'aurais été contraint de rester à Oran pendant des mois entiers, et j'en aurais été pour mes frais.

Je regagnai alors mon douar pour recueillir les miens et me mettre en sûreté avec ce qui me restait.

Je vivais misérablement, sans espoir en l'avenir, lorsque je reçus une lettre d'un cousin de ma femme, nommé Kaddour, qui, à la suite de désagréments avec les roumis, avait été envoyé en France. Il me disait qu'à son retour il avait trouvé une place dans un hôtel d'Oran et qu'il était chargé de conduire les voyageurs pour leur faire visiter la ville et les environs.

— Va le trouver, me dit ma femme. Il t'indiquera le moyen de gagner de l'argent.

Je me rendis auprès de Kaddour, qui m'accueillit très cordialement et promit de s'occuper de moi. Pour commencer, il me confia les voyageurs qui voulaient visiter les environs, et je pus me faire de bonnes journées.

Dans mes diverses excursions, j'ai fait la connaissance de ces hommes qu'on appelle *des savants*.

En voilà de braves gens ! On leur fait croire tout ce qu'on veut ! Ces touristes d'un genre particulier inventent un nom pour chaque chose, si petite soit-elle. Il y en a qui donnent une dénomination à toutes les plantes, d'autres à tous les insectes, d'autres enfin à toutes les pierres, et chacun, au retour de ses explorations, rapporte ce qu'il a trouvé.

J'étais en place depuis quelques jours à peine, lorsque débarqua à Oran une caravane de savants. Sur leur demande, je les conduisis à la tour Combes, où ils s'installèrent pour regarder le soleil dans des tuyaux.

Tous les jours, je venais à Oran chercher des provisions.

Oh ! c'était le bon temps ! J'étais bien payé, bien nourri, et avais fort peu de travail. En outre les divers fournisseurs me donnaient souvent la pièce.

Quand ces savants partirent, ils me laissèrent le bourricot qui portait les provisions.

Après ceux-ci, il en vint d'autres, aussi généreux que les premiers.

L'un d'eux passait son temps à cueillir des brins d'herbes, qu'il renfermait précieusement dans une boîte. Un autre, un marteau à la main, cassait des pierres et me chargeait d'en rapporter quelques morceaux.

Il faut croire qu'en France il n'y a ni herbes ni pierres !

Un autre, espèce de maboul (je ne m'en plains pas, bien qu'il m'ait fait courir), ne s'occupait que des tortues, des lézards et des serpents. Il m'a donné un jour cinq francs pour un caméléon que je lui avais rapporté.

Il prenait les tiges d'aloès pour des asperges.

Ah! celui-là m'a bien amusé !

Il est certain que si les conducteurs de chameaux savaient ce que l'on gagne à conduire les savants et les dames des roumis, il n'y en aurait plus un seul pour aller de Tombouctou au Grand Caire.

C'est étonnant tout ce que j'ai fait croire à mes voyageurs ! Mais c'éta généralement de braves gens et très polis !

Après être restés quinze jours à visiter l'Algérie *à fond,* ils reviennent en France, plus savants que jamais, rapportant chez eux leurs petites bêtes et leurs vastes idées sur notre ancien pays. Ils parlent et on les écoute; ils écrivent et on les lit, et c'est comme cela qu'on connaît l'Algérie.

Ce sont eux, en effet, qui font les lois relatives à *leur* colonie, tandis que ceux qui l'ont habitée dix ou vingt ans, s'épuisent en efforts superflus pour combattre et détruire les fausses idées répandues par ces explorateurs de quinze jours, sans pouvoir y réussir.

Après tout je m'en moque; j'ai gagné plus d'argent en six mois, grâce à la friponnerie de ce Juif maudit et aux manies des touristes, qu'autrefois en cinq ans.

A tous mes clients, je vendais des pots de Kabylie ou du Maroc, des tapis de Mascara, des châles et des soieries de Tunis (fabriquées à Lyon), des babouches et des porte-monnaie de la rue d'Austerlitz, des bijoux algériens venant de Paris, des colliers, des couteaux, des yatagans, des pipes, du tabac, etc... Mais où je réalisais les plus gros bénéfices, c'était sur la vieille ferraille, les vieux fusils, les pistolets rouillés et détraqués, les vieux sabres que je disais avoir appartenus à Abd-el-Kader, des bagues, des bracelets et des anneaux pour les jambes.

Vous ne sauriez vous imaginer combien je leur ai fait avaler de sabres et d'œufs d'autruche !

Voilà comment, mes amis, grâce à la bénédiction du Dieu puissant et miséricordieux, j'ai pu, après avoir été dépouillé par un Juif, refaire une petite fortune et redonner à ma famille le bien-être.

Ces histoires, qu'ont déjà entendu raconter quelques-uns de nos lecteurs, nous ont été communiquées, avec plusieurs autres que nous regrettons de ne pouvoir insérer, par un Français qui habite l'Algérie depuis près de quarante ans. Ce courageux patriote a déjà publié, dans quelques journaux algériens, sous le titre de *Contes arabes*, des récits intéressants sur les Juifs et les Arabes de notre colonie. Chacun de ces récits, dont la véracité ne saurait être suspectée, apporte une nouvelle preuve à l'appui de la théorie que nous avons exposée dans *l'Algérie juive*.

De ces divers contes, nous sommes autorisés à conclure, que les Juifs, lâches et rampants sous le gouvernement turc, s'étaient bien vite initiés aux lois et coutumes des nouveaux conquérants.

Tandis que les Arabes n'avaient pas la moindre notion du droit civil français qui désormais allait être appliqué en Algérie, les Juifs, au contraire, avaient pris toutes leurs précautions pour pouvoir *légalement* voler les Arabes. Ces malheureux ignoraient en effet que leur signature, apposée sur une feuille de papier timbré, autorisait un homme de mauvaise foi à réclamer une somme qui ne lui était pas dûe.

Dans les chapitres suivants, nous allons

prendre les Juifs les plus en vue de l'Algérie, et montrer comment, grâce à la complicité de nos représentants, nous pourrions même dire grâce à la complicité des divers gouvernements qui se sont succédés, ils sont arrivés à être les maîtres dans notre colonie.

II

CES BRAVES YOUDDIS

On n'a, en France, qu'une idée vague de la solidarité qui existe entre les Juifs et qui les rend puissants et dangereux. Il en est même parmi nous qui admirent cette solidarité, dont le seul stimulant est la haine implacable des Juifs pour tout le reste de l'humanité.

Ceux de nos lecteurs qui conservent encore quelques illusions sur l'usage que font les Juifs du pouvoir dont ils parviennent à se saisir, n'ont qu'à visiter l'Algérie et ils se convaincront de leur erreur.

Ils verront que les Juifs, fonctionnaires ou commerçants, sont tous usuriers,

Qu'ils aient recours, par exemple, à Tabet Abraham, un des principaux banquiers d'Alger, et ils sauront bien vite ce que, dans notre colonie, un Juif entend par « faire la banque » !

Chaque youddi — qu'il soit changeur comme Jaïs Salomon ou bimbelotier comme Éliaoul Morali, — ne connait qu'un moyen de s'enrichir : exploiter les gens au milieu desquels il vit.

Nous pouvons prendre indistinctement tous les Juifs d'Algérie, et nous n'en trouverons pas un seul qui n'ait commis plusieurs détournements au préjudice des Français et des Arabes.

Dès le début de la conquête, ces esclaves d'hier, qui ne possédaient rien ou presque rien, se firent les espions de nos officiers pour se procurer une première mise de fonds.

On a pu voir alors, pendant toute la campagne et sur tous les points du territoire algérien, une nuée de youddis qui, comme des corbeaux, marchaient à la suite de nos troupes pour dévorer les cadavres.

Lors de notre expédition en Tunisie, que de vols encore ont été commis par les Juifs ! L'un d'eux, nommé Schéméla, chargé de réquisitionner de l'orge ou du blé, en profitait pour faire main-basse sur les bijoux et l'or que les musulmans avaient cachés dans les sacs.

Plus tard, les Arabes, indignés de l'insolence de ce bandit, enrichi par ses vols, se plaignirent aux autorités, ajoutant que ce Juif avait volé de grandes quantités de pelles et de pioches appartenant au génie français. Traduit devant le conseil de guerre de Sousse pour pillage à main armée, Schéméla fut défendu par M⁰ Georges Lachaud, qui obtint son acquittement, malgré les charges accablantes relevées contre lui.

Les Juifs indigènes commencèrent alors à faire l'application de cette maxime du Prince des Juifs de Constantinople :

« Faites vos enfants marchands, afin que peu à peu ils dépouillent les chrétiens de leurs biens. »

Déjà les Salomon, Tabet Abraham, Zermati, Jacob, Moïse, à Alger; les Isaac, Nahon, Aaron, Oualid, Uhry, à Constantine ; les David, Kanoui, Sebaoum, à Oran, fondaient, sous le titre de banquiers ou de commerçants, d'infects comptoirs où allaient s'engloutir la fortune de nos nationaux et des Arabes.

Les Juifs répandus en Europe apprennent bientôt par leurs coreligionnaires indigènes qu'il y a une mine à exploiter en Algérie; plusieurs débarquent alors dans notre colonie et viennent prêter leur concours aux youddis illettrés.

Nous ne raconterons pas tous leurs honteux exploits; nous nous bornerons à dire que ceux de nos lecteurs qui ne connaissent pas l'Algérie, ne peuvent avoir une idée du Juif indigène. L'usure qui a atteint en France un taux incroyable, n'est rien à côté de l'usure arabe.

C'est surtout lorsque la misère sévit sur un pays, que les Juifs peuvent aisément exercer leur honteux commerce.

Au mois de novembre 1881, deux douars de la tribu de Djebela, près Mostaganem, atteints par plusieurs mauvaises années consécutives, n'avaient pas de grain pour ensemencer. Les principaux membres de ces douars, leur caïd en tête, eurent recours à un Juif de Mostaganem. Celui-ci consentit à leur livrer de l'orge au prix exorbitant de 36 francs le quintal. Cette somme devait être restituée à la récolte, non en argent, mais en nature au prix courant du marché. Or, au mois d'août 1882, l'orge valant 7 francs le quintal, les gens de Djebela durent rendre près de six quintaux pour un, c'est-à-dire qu'ils avaient emprunté à 600 0/0.

En faisant l'historique de la colonisation dans l'*Algérie juive*, nous avons passé sous silence un décret d'une grande importance parce qu'on n'en a jamais fait l'application. Nous voulons parler du décret du 13 décembre 1866, sur l'insaisissabilité, *pour dettes antérieures*, des terres constituées en propriété individuelle.

Plusieurs tribus, en effet, ont vu leurs terrains saisis et vendus au profit des Juifs aussitôt après la délivrance des titres, en sorte que la propriété a été établie, non au profit des indigènes, mais au profit des Juifs, qui ont été assez puissants pour empêcher l'application du décret.

Des terrains collectifs attribués, d'après la loi de 1873, aux indigènes des Smélas et des Gharabas, ont été saisis et vendus au profit de certains Juifs d'Oran dont nous allons citer les noms :

Moïse Amar[1], Juif marocain, âgé de 30 à 35 ans, un peu voûté, figure de chacal admirablement réussie, habillé à la française, est arrivé, avec l'aide de sa femme, à faire exproprier deux ou trois cents indigènes. Après sa faillite, ses créances ont été vendues par devant le tribunal de commerce, achetées par un intermédiaire et complice, et cédées par celui-ci à Rachel Kalben, digne épouse séparée de biens dudit Amar. Celle-ci a donné procuration à son mari pour poursuivre et faire exproprier les Arabes. La plupart de ceux-ci

---

1. Moïse Amar a répondu à une personne qui lui parlait de son improbité : « Je suis toujours à la porte du bagne, mais, grâce à mon adresse, je n'y entrerai jamais. »

ont été complètement ruinés et cela sans qu'il leur ait été permis de protester.

Josué Gabay, également Juif marocain, a acheté à plusieurs indigènes, principalement à ceux de Tenazet, des terrains qui leur avaient été attribués, lors de la constitution de la propriété individuelle. En traitant à l'amiable avec ces vendeurs, Gabay avait promis de payer le prix de vente aussitôt les actes passés. La plupart des acquisitions étaient faites au prix de 175 francs l'hectare. Sous prétexte d'économiser des frais d'enregistrement, le Juif demanda aux indigènes de ne déclarer que 125 francs l'hectare devant le notaire, leur promettant de leur remettre de suite les 50 francs par hectare, non déclarés dans l'acte.

Les naïfs vendeurs se laissèrent prendre au piège. Une fois l'acte passé, Gabay s'enfuit à Aïn-Temouchent où il resta huit jours.

Les Arabes adressèrent des plaintes à l'administrateur, au préfet, au procureur de la République, au gouverneur. Ils s'opposèrent même par la force à la prise de possession des terrains, rien n'y fit. Dans cinq douars, les Arabes ont été ainsi dépouillés.

Gabay possède de cinq à six cents hectares de terrain à Ténazet, acquis de cette façon. Les Arabes n'ont pas touché d'argent, parce que, leur disait-on, les terrains vendus étaient grevés d'hypothèques.

Nous demandons à cet égard à qui de droit pourquoi l'on autorise les Juifs à faire saisir et vendre des terrains déclarés insaisissables par le décret du 13 décembre 1866?

D'autres Juifs d'Oran ont procédé de la même manière pour dépouiller les Arabes, ce sont les nommés : Moïse ben Said, Isaac Karsenty, Mardoché Obadia, Youde Obadia, Moïse ben Chétri, Messaoud ben Yamin, Chouraki [1].

D'autres encore se sont enrichis, en dépouillant ceux qu'ils pouvaient attirer dans leurs filets. Parmi ceux-ci, nous citerons un des plus riches commerçants en gros d'Oran,

1. Tous ces Juifs oranais, amis de Kanoui, sont aujourd'hui riches et considérés.

nommé Gabail. Le nombre de ses victimes est déjà considérable. Nous allons citer un exemple, qui fera connaître les procédés généralement employés par cet individu auprès des personnes naïves et sans défense.

Le Juif Gabail, négociant de comestibles en gros à Oran, possédait, à Aïn-Temouchent, plusieurs immeubles dont un servait de fondouck (écurie) aux Arabes et lui rapportait 30 francs par mois. Il résolut de transformer en une maison de rapport ces mauvaises baraques adossées à un mur construit en terre et mitoyen avec Mme Diégo. Pour réaliser des économies, il complota de faire payer la majeure partie des frais à sa voisine.

Vers le mois de novembre 1884, le Juif vint trouver la veuve Diégo et l'aborda en ces termes :

— Voulez-vous me rendre un service?

— Si c'est possible, je ne demande pas mieux.

— Voilà ce dont il s'agit : je veux faire construire une jolie maison sur l'emplacement de mon fondouck; mais comme notre mur mitoyen est en terre, je vous demanderai de m'autoriser à le faire démolir pour le remplacer par un beau mur en maçonnerie, à chaux et à sable.

— Je n'ai pas d'argent, Monsieur Gabail, vous le savez bien, et ne puis par suite faire face aux frais de la reconstruction du mur. Du reste si, de votre côté, il est mal entretenu, il n'en est pas ainsi chez moi. Les deux chambres y attenant me rapportent 15 francs chacune par mois; l'écurie qui est au bout est louée 30 francs. C'est là un petit revenu que je suis heureuse de toucher mensuellement. Je regrette de ne pouvoir vous obliger, mais je ne puis emprunter pour faire reconstruire un mur qui me sert dans l'état où il est.

— Je ne vous demande rien. Je ferai seul la dépense. Dans un mois vos chambres seront en bon état et vous pourrez les rendre à vos locataires. Plus tard, si vous voulez faire élever votre maison, vous me paierez la mitoyenneté.

— Si vous ne me demandez rien, vous pouvez faire les travaux. Vous me direz seulement le jour où vous voudrez commencer, pour que j'avertisse mes locataires.

La pauvre femme, veuve et mère de six enfants, dont l'aîné avait vingt ans, et le plus jeune dix ans, avait précédemment contribué à la réédification d'un autre mur mitoyen pour une somme de 150 francs, qu'elle n'avait pas été obligée de verser, ses fils ayant fait eux-mêmes le transport des matériaux. Elle espérait que le Juif agirait comme son autre voisin, un brave colon français, et c'est pour cela qu'elle avait acquiescé à ses propositions.

Grâce à son travail et à celui de ses enfants, la veuve Diégo vivait heureuse. Outre le revenu de ses chambres, elle avait quatre hectares de vigne et une terre de labour.

Les travaux de démolition et de réédification dirigés par Buzaowitch, architecte et agent-voyer de la ville, se firent assez rapidement; mais Gabail, malgré ses promesses, ne songeait pas à faire réparer les chambres de sa voisine, qu'on avait fort endommagées pour l'exécution des travaux.

La veuve Diégo l'accosta au marché de Temouchent et lui dit :

— Vous m'aviez promis de faire mettre mes chambres en l'état où elles étaient dans l'espace d'un mois, et voilà trois mois que j'attends. J'ai besoin de mes revenus pour vivre, et c'est pour moi une perte de rester ainsi sans louer, alors surtout que mes locataires peuvent me quitter définitivement, si vous mettez un nouveau retard.

Gabail promit de donner des ordres en conséquence.

Un mois se passa encore en réclamations. Enfin Buzaowitch [1], l'architecte entrepreneur, vint demander à la veuve de signer un papier timbré, en lui promettant de faire terminer les travaux.

— Quelle est donc cette pièce que vous voulez me faire signer? lui demanda Madame Diégo.

— C'est l'autorisation que vous avez donnée

1. Il est à remarquer que, pour inspirer une certaine confiance, les Juifs choisissent toujours des fonctionnaires pour complices.

à M. Gabail de démolir votre mur mitoyen.

La malheureuse femme, complètement illettrée, gribouilla son nom où on lui dit de signer.

Quelque temps après, le même architecte lui présenta un mémoire, en lui demandant 200 francs d'acompte.

Elle refusa de payer.

Après cinq mois d'attente, deux maçons vinrent faire les réparations promises dans l'habitation de Mme Diégo. Avant de partir, ils lui présentèrent une facture de 180 francs qu'elle n'acquitta pas.

Sur le conseil de quelques amis, elle appela Gabail devant le juge de paix, lui demandant une indemnité pour loyers perdus, et la mise en état de ses locaux démolis pour la construction du palais Gabail. Elle fut déboutée de sa demande et condamnée aux dépens.

Peu de temps après, Gabail envoyait une assignation à la veuve Diégo, pour lui réclamer le paiement de la moitié du mur mitoyen, dont la dépense s'élevait, après rectification du mémoire établi par le complaisant architecte, à mille et quelques francs. Elle fut condamnée à payer la somme réclamée. En signant la fameuse pièce, elle s'était condamnée elle-même.

Elle fit appel devant le tribunal d'Oran, et Mᵉ Bagros fut chargé de soutenir ses intérêts. Il chercha à établir que cette femme, ne sachant pas lire, avait écrit son nom sans savoir ce qu'elle signait. L'engagement écrit était là; le jugement fut maintenu.

Cette femme se trouva ainsi victime de sa complaisance et de sa naïveté. Gabail ne pouvait obliger sa voisine à démolir son mur en parfait état sans lui donner une indemnité pour les loyers perdus. Il le savait très bien, et c'est pour cela qu'il lui avait fait les promesses dont nous avons parlé.

Il importe peu à un Juif de mettre une famille sur la paille, s'il y trouve un petit bénéfice! Gabail avait abusé de la simplicité et de la bêtise d'une malheureuse veuve pour arriver à se faire rembourser la majeure partie des frais faits pour l'édification de sa maison.

Pour les Juifs d'Algérie, la prostitution est encore de nos jours un des moyens les plus usités pour se rendre maîtres de certains chefs arabes.

Chaque youddi est habitué à considérer comme une fortune la beauté de ses filles.

Qui n'a connu à Sétif la belle Hymouna et quelques-unes de ses sœurs? Sa mère exerce un petit commerce dans le seul but d'attirer chez elle quelques clients (des Arabes surtout), qui ne dédaignent pas le charme de ses filles.

Ces Juives ne séjournent pas longtemps dans chaque centre. Lorsqu'elles sont trop connues dans une ville, elles la quittent furtivement pour aller s'installer ailleurs [1].

Pour rendre son métier plus lucratif, cette famille se divise et exerce sur plusieurs points à la fois. Malheur aux naïfs Arabes qui se laissent attirer dans le bouge de ces prostituées! Ils y laisseront leurs douros et seront

---

1. La famille Hymouna a déjà parcouru Constantine, Sétif, Tebessa, Biskra, Batna, Bordj-bou-Arreridj, Philippeville, Guelma, etc.

même souvent obligés de vendre leurs terres et leurs troupeaux pour satisfaire la cupidité de ces commerçantes éhontées.

Suivant les localités où elles se trouvent, ces Juives sont, ou épicières, ou débitantes, ou marchandes de tabac. Leur seul commerce, c'est la prostitution; leur unique but, c'est de dépouiller leurs victimes !

Le jeune Mohamed de Constantine, âgé à peine de dix-huit ans, et descendant d'une des plus vieilles familles arabes, attiré par Hymouna, a dépensé en quelques mois toute la fortune que lui avaient léguée ses ancêtres. D'autres chefs arabes se sont laissés prendre dans les filets de ces femmes et y ont laissé leurs plumes.

Ces Juives ne sont malheureusement pas les seules qui exercent ce honteux commerce en Algérie. Nous pourrions citer encore les femmes et les filles Zermi, Moïse, Boucri, Rami, etc., parmi les prostituées qui ont fait le plus de victimes; mais nous ne pourrions répéter pour chacune que ce que nous venons de dire pour la famille Hymouna !

Les descendants d'Israël emploient tant de trucs pour voler les indigènes qu'il nous est presque impossible de les énumérer tous à nos lecteurs. Au sujet d'un de ceux-ci, nous lisons dans le *Radical algérien* du 18 juillet 1884 :

Voici un des nombreux procédés commerciaux de MM. les Juifs avec les indigènes.

Si ce fait ne nous était assuré par une personne de justice, nous ne pourrions y ajouter foi, bien que nous soyons édifié sur leur loyauté, sur leur honnêteté commerciale.

Un indigène de bonne apparence entre dans un magasin juif. Commis d'accourir, patron de s'empresser, de s'aplatir, Arabe naïf de se gonfler.

Pour acheter, il faudrait marchander, naturellement offrir le tiers, le quart du prix demandé ; l'Arabe, toujours fier, voit clair parfois et se révolte enfin.

Il veut sortir, halte-là !

Fort de son titre de Français, le Juif, déçu de tout espoir de gain, rêve à une vengeance.

Plaisir des dieux, surtout pour un Juif en face d'un Arabe !

Pour se venger donc, il prend le moindre objet, le met entre les mains de l'indigène ahuri et puis crie au voleur ! Agents d'accourir, de brutaliser l'indigène qui proteste faiblement et qui passivement se laisse conduire à la geôle.

Flagrant délit : les juges ont vite jugé et c'est un innocent de plus condamné, qui portera, lui aussi, les Français (puisque c'est un Français) dans son cœur.

Le magistrat qui a fourni ces renseignements était dans le vrai. Il aurait dû ajouter toutefois que fréquemment, en présence des agents, l'Arabe, qui prévoit ce qui va lui arriver, consent, bien qu'innocent, à verser une certaine somme entre les mains du Juif, pour éviter des poursuites.

Ces coquineries se passent de tout commentaire.

Dans le même journal, numéro des 15 et 16 juillet 1884, on trouve cette petite note, relative aux prêts consentis par les Juifs :

Plusieurs déclarations nous parviennent. Il paraîtrait que MM. les Juifs prêtent, *avec garantie*, de petites sommes à 100 0/0 d'intérêt — par an ? Non — *par mois*.

C'est typique.

Le fait est connu à Alger depuis longtemps.

Aujourd'hui on exige non plus 100 0/0 par mois, mais 120 0/0.

Et les Juifs parlent de *générosité* ; c'est grotesque !

Ils méritent une médaille de première classe à l'exposition internationale de toutes les turpitudes.

Le vol est un moyen rarement employé par les Juifs. Toutefois ceux qui sont encore trop jeunes pour s'établir commerçants, n'hésitent pas à pénétrer dans les maisons pour assouvir cette soif d'argent, innée chez tous les enfants d'Abraham.

Tout récemment un jeune youddi de quinze ans, Abraham ben X., pénétrait dans le magasin de parfumerie de M. Alibert, sis boulevard Charlemagne, à Oran, et tentait de faire sauter la serrure du comptoir. Attiré par le bruit, M. Alibert se précipita dans le corridor, en criant au voleur.

Les autres locataires de la maison accoururent à ses cris et on commença des recherches dans le magasin.

On finit par découvrir le jeune voleur, accroupi sous le comptoir. Arrêté et fouillé, on trouva sur lui cinq fausses clefs.

C'était la troisième fois depuis deux mois qu'Abraham était arrêté pour vol. Condamné déjà plusieurs fois, il avait toujours été relaxé, en raison de son jeune âge.

On comprend aisément que les jeunes youddis, qui ont les mêmes défauts que leurs pères, et qui, souvent, sont sevrés d'argent, cherchent à s'en procurer par le vol.

Quelquefois même cette marmaille juive donne aux anciens l'exemple de la perversité.

Au mois d'avril dernier, le jeune Karsenty, âgé de douze ans, avait acheté à un de ses coreligionnaires, nommé Sultan, un lot de deux douzaines de cravates pour les revendre au détail.

Sultan demandait 7 francs, mais Karsenty ne voulut jamais en donner plus de 6. Le vieux Juif, qui ne voulait pas se laisser rouler par ce débutant, alla le trouver et le saisissant au cou (geste fort naturel chez un marchand de cravates), lui réclama les vingt sous qui restaient pour solde de tout compte. Karsenty saisit un couteau qui était à son étalage et en frappa Sultan de deux coups au bras.

Le jeune Juif mauvais payeur fut arrêté aussitôt.

Nous devons reconnaître que ce sont là des faits assez rares ; nous avons cependant tenu à les signaler, pour bien montrer à nos lecteurs que tous les trucs sont bons pour les Juifs et que leur lâcheté naturelle seule les fait reculer devant le vol.

La calomnie est une arme employée fréquemment par les youddis pour combattre ceux qui leur résistent.

Il y a quelques années, un honnête Français, que nous regrettons de ne pouvoir nommer, était un objet d'horreur pour tous les Juifs, qui décidèrent enfin d'employer la calomnie. Un journal d'Alger, assez bien renseigné, écrivait à cette époque :

Ils étaient une poignée de drôles ! des Juifs et deux Français vendus.

Les bas-fonds attirent la boue : les Juifs avaient attiré les deux Français. Le but de cette promiscuité immonde : se débarrasser d'un adversaire.

Chacun proposa son moyen, mais le seul auquel on s'arrêta fut la calomnie.

Un des deux Français eût préféré le gourdin ou le casse-tête — amours d'antan — celui-là était un ancien mouchard.

Mais l'autre, assujettissant ses lunettes, tête basse,

lança un regard circulaire sur ses complices, et, froidement, lentement, d'une voix sifflante, récita en la soulignant aux principaux passages, la tirade de don Basile à Bartholo :

« La calomnie, Monsieur ? Vous ne savez guère ce que vous dédaignez : j'ai vu les honnêtes gens près d'en être accablés. Croyez qu'il n'y a pas de plate méchanceté, pas d'horreurs, pas de conte absurde qu'on ne fasse adopter aux oisifs d'une grande ville en s'y prenant bien, et nous avons ici des gens d'une adresse.....

« D'abord un bruit léger rasant le sol de la terre comme l'hirondelle avant l'orage : telle bouche le recueille et vous le glisse en l'oreille adroitement. Le mal est fait, il germe, il rampe, il chemine, et de bouche en bouche, il va le diable ; puis, tout à coup, on ne sait comment, vous voyez la calomnie se dresser, siffler, s'enfler, grandir à vue d'œil. Elle s'élance, étend son vol, tourbillonne, enveloppe, arrache, entraîne, éclate et tonne, et devient, grâce au ciel, un cri général, un crescendo public, un chorus universel de haine et de proscription. Qui diable y résisterait ? »

L'homme aux lunettes s'arrêta, interrogeant de l'œil ceux qui l'entouraient.

L'ex-mouchard eut un grognement de satisfaction. Un Juif avait compris, il se prit à sourire bassement.

Et, le lendemain, la calomnie courait la ville, payée par l'or des Juifs.

Nos lecteurs d'Alger n'ont pas oublié cette

coquinerie, qui avait fait assez de bruit autrefois ; ils comprendront par suite les raisons qui nous font taire le nom du Français qui avait failli devenir la victime des Juifs.

Le but de ce chapitre étant de faire connaître, avec preuves à l'appui, ce qu'est le Juif indigène, nous allons poursuivre dans un autre ordre d'idées, et parler successivement de son humanité, de son insolence et de sa lâcheté.

Le lundi de Pâques 1886, à Aïn-Temouchent, deux jeunes Espagnols, s'amusant avec un fusil de chasse à un coup, le firent partir par maladresse, et tous les deux furent blessés, l'un à la main droite, l'autre plus grièvement à la jambe.

Un attroupement se forma bien vite et le commissaire de police arriva un des premiers. En voyant le sang s'échapper avec abondance de la blessure d'un des Espagnols, il demanda aux personnes présentes de transporter le blessé à l'hôpital. Personne ne s'étant avancé à son appel, il s'adressa au Juif Chouraki, et le pria de l'aider à relever le blessé. Celui-ci lui ayant répondu insolemment, le commissaire de police lui dressa procès-verbal.

Pendant qu'un Français et un Arabe, improvisaient un brancard et portaient à l'hôpital le jeune imprudent, le commissaire faisait part au juge de paix de la grossièreté de Chouraki. Ce magistrat ayant informé le Juif qu'il donnerait suite au procès-verbal du commissaire, celui-ci répondit d'un ton arrogant :

— Nous verrons ça !

Quelques jours après, le *Petit Fanal*, journal de Kanoui, intervertissait les rôles et demandait le départ des deux magistrats, qui s'étaient rendus coupables d'injures, d'abus de pouvoir, etc.

A cette fantastique accusation, le *Franc Parleur*, dans un langage modéré, répondit, en relatant les faits, et fit ressortir l'odieux de la conduite de Chouraki, qui, à la demande d'un magistrat de prêter aide à un homme gravement blessé, avait répondu par des injures.

Le *Fanal* ne riposta pas. Cela ne fit pas l'affaire de la clique juive, qui s'adressa directement à Kanoui,

Depuis longtemps, le commissaire de police, M. Philippe Albert n'était pas en odeur de sainteté dans le camp d'Israël. Il leur avait joué de si vilains tours, pensez donc : fureter derrière les comptoirs pour saisir des poids faux !... forcer les propriétaires à avoir des cabinets dans les maisons et les tenir propres !... empêcher la prostitution des Juives non autorisées !... verbaliser contre les marchands non patentés ! etc ! Un tel fonctionnaire les gênait ; il devait disparaître.

On vit alors le roi des Juifs, Kanoui, décoré pour ses actions d'éclat sur les champs de bataille des urnes éléctorales, arriver en grande pompe à Ain-Temouchent. Ayant réuni ses coreligionnaires, il leur dit :

— Vot'coumissaire di poulice, cit ounè canaille, y vouli vo rouiner tos ber li procès-verbal ; ounè jor i li sizira vot'femmes y vos enfants. J'y suis tendu avec Dinaigre[1], li prifi, ber cassi cit mauvés Francès, y li joge y fotira li camp di Témochent; mi, il y besoin di fire oune clamation général. Cit m'sieu qui li avec moa, y si rendi à la synagogue ber crivi tot li clamations di vos otres. Il y besoin di voir tos ceux qui l'ont iti condamnés ber ci coquin di Lagarde. A prisant, ni pas faire di brouit, nos allons à la synagogue ber crivi.

Plaintes sur plaintes furent alors portées aux autorités judiciaires et administratives; plusieurs enquêtes furent même ordonnées contre ces deux fonctionnaires; mais, malgré la toute-puissance de Kanoui, elles ne purent aboutir.

Nous n'insistons pas davantage sur ce fait à l'actif de Kanoui, car, dans le courant de cet ouvrage, nous aurons souvent à revenir sur cet ignoble personnage.

Dans l'*Algérie juive*, nous avons fréquem-

---

1. Lorsque Kanoui parle des plus hauts fonctionnaires, il cherche toujours à faire ressortir sa supériorité.

ment parlé du qualificatif dont se servaient les Juifs à l'égard des Français. Nous croyons devoir citer des faits à l'appui de ce que nous avons dit; car il semble presque incroyable que ces êtres rampants, qui, autrefois, baisaient la terre, foulée par les pieds des chevaux des Arabes, osent insulter les Français qui les ont sortis de l'esclavage.

En 1884, un Juif fut condamné par le tribunal correctionnel d'Alger à trois jours de prison pour avoir, dans la rue de la Lyre, traité les Français de *sales*, de *lâches*, etc.

Le parquet, et nous n'avons qu'à le louer de la décision prise en cette circonstance, interjeta appel à *minima* de ce jugement par trop bénin.

L'affaire vint devant la cour le 17 juillet 1884, et le Juif fut condamné à un mois de prison.

Nous aurions désiré que ce bouc émissaire de tout Israël reçut une leçon aussi sévère que méritée. C'eût été d'un salutaire exemple pour le respect qu'on devrait avoir et pour la justice française, et pour ce nom de « Français » que tous les judaïsants de France et d'Algérie sont indignes de porter.

Au mois de juin dernier, Jacob Nahon se présentait au commissariat du IV⁰ arrondissement à Oran. Rendu *maboul* par une absorption trop considérable de lèche-anis, il portait on ne sait quelle plainte insensée au brigadier Martinez, qui ne pouvait par conséquent l'accepter.

Furieux, le plaignant commença à proférer des injures :

— *Tas de cochons*, s'écria-t-il, *sales Français !*

Naturellement, on allait l'arrêter, lorsqu'il prit la poudre d'escampette.

Poursuivi par l'agent Pozzo di Borgo et le brigadier, et se voyant sur le point d'être atteint, il traita les agents d'assassins et excita son chien contre eux. Le chien obéissant se jeta sur Pozzo et le mordit légèrement à la joue droite.

Nahon fut arrêté, avant que les Français, témoins du fait, n'aient donné à ce polisson la correction qu'il méritait.

Il arrive quelquefois cependant que les youddis paient cher les insultes qu'ils adressent à nos nationaux.

Dans la soirée du 3 avril dernier, le Juif Orphi, soudoyé par un nommé Cazenave, directeur d'un tripot à Aumale, avait traité de « *Tas de rosses et de sales Français* » les caporaux Brousse et Combe, et les deux soldats Darieu et Mary.

Ceux-ci, irrités, l'avaient frappé de leur sabre et laissé mort sur le carreau.

L'instruction de cette affaire fut très laborieuse. On avait dû recueillir *trois cents* témoignages.

Le 17 juin, les quatre militaires comparaissaient devant le conseil de guerre d'Alger, comme prévenus d'avoir, à Aumale, tué à coups de sabre-baïonnette, un Juif nommé Orphi, qui les avait insultés.

A l'audience, la provocation du Juif a été incontestablement établie.

Me Tacconis, chargé de la défense des inculpés, rendant hommage à la loyauté de M. Liébert, commissaire du gouvernement, qui avait demandé l'indulgence du Conseil, a flétri la provocation et a déclaré que les militaires qu'il défendait n'avaient fait que leur devoir en frappant leur insulteur.

« Si quelques israélites isolés, s'est écrié M⁰ Tacconis, ont le sentiment de l'honneur qu'on leur a fait en les créant Français, il est triste de constater que nous semblons nous être abaissés au niveau des autres, en les élevant jusqu'à nous. »

L'honorable défenseur, avec sa grande franchise et l'autorité de son talent, n'a pas eu de peine à prouver que, devant l'injure dont les caporaux et les soldats avaient été l'objet, les lames étaient elles-mêmes sorties du fourreau.

Le premier conseil de guerre d'Alger a, à l'*unanimité*, renvoyé les quatre prévenus des fins de la prévention dirigée contre eux.

Nous ne pouvons que rendre hommage à l'impartialité des officiers qui ont été appelés à se prononcer dans cette affaire.

Les Juifs d'Algérie sont insolents et provocateurs, mais s'ils ne sont dix contre un, ils sont incapables de se défendre.

Nous allons donner un dernier exemple de leur lâcheté.

Pendant la dernière période d'exercices de treize jours, le Juif Melka de Sidi-bel-Abbès, a frappé un de ses camarades. Amené sur le terrain par ordre du colonel, le youddi a refusé de se battre.

Quelques jours après sa libération, le Juif Melka recevait, par l'intermédiaire de la gendarmerie, notification d'une punition de *huit jours de prison*, infligée par le général commandant la division d'Oran, avec ce motif : a frappé un de ses camarades et a refusé de se battre une fois sur le terrain.

Cette punition devra être faite au 1er Étranger, du 12 au 19 juillet prochain.

Nous avons applaudi sans réserve à cet acte de justice. Nous constatons toutefois avec peine que ce sont des exemples trop rares, tant les fonctionnaires civils et militaires sont à la discrétion des Juifs.

Si les youddis n'osent pas lutter à nombre

égal, il n'en est plus ainsi lorsqu'ils sont plusieurs contre un. Ils deviennent alors de véritables brutes et font fi de la vie de leur adversaire.

Au mois de juin dernier, un enterrement juif passait rue Bab-Azoun. Un Français, qui causait avec un de ses amis, ne se découvrit pas sur le passage du cortège. Il poursuivit son chemin, escorté par un groupe de youddis qui grossissait de minute en minute et d'où partaient des injures à son adresse.

Place du Gouvernement, nos youddis, qui se trouvaient en nombre, tombèrent sur celui qu'ils appelaient « l'insulteur de cadavres » et le frappèrent brutalement.

Ce monsieur dut se réfugier dans l'intérieur d'un café.

Il ne nous appartient pas d'apprécier la conduite de notre concitoyen, chacun étant libre de ses actes, mais nous constatons une fois de plus l'attitude menaçante de MM. les youddis.

Toujours braves nos Juifs, quand ils sont cent contre un !

Il ne faut pas croire cependant que la lâcheté des Juifs indigènes provient d'une faiblesse de constitution. Nous reproduisons à cet égard l'avis d'un journal d'Oran, relativement à un accident survenu à un jeune Juif.

Ces youddis sont comme de jeunes chats : lestes et la vie dure. Un de nos enfants mourrait dix fois s'il passait par les incidents qui agrémentent l'existence des *portez madame* et des *cirez monsieur*.

Voici ce qui vient à l'appui de ce que nous avançons.

Dernièrement un gamin de huit ans, Salam-ben-Tahar, descendait d'un breack, lorsqu'il glissa et tomba sous la roue. Le breack, qui était en mouvement, lui passa sur le corps à la hauteur de la poitrine.

Une voiture passant sur un enfant de huit ans !

Tout le monde s'élançait pour retirer les morceaux du youddi qui se releva tout seul à l'étonnement général, refusant de se laisser soigner parce qu'il n'avait aucun mal.

Si les Juifs reculent toujours devant un adversaire, quelquefois moins fort qu'eux, c'est qu'ils tiennent avant tout à leur peau et qu'ils ne veulent jamais courir les risques de l'endommager. Pour les descendants d'Israël, l'honneur et le courage ne sont rien ; l'argent et la puissance sont tout.

Dans l'*Algérie juive*, nous avons dit que les Juifs, qui ne pouvaient s'enrichir autrement, faisaient faillites sur faillites.

Nous n'avons pas l'intention de raconter ici les milliers de faillites, nous pourrions dire, de banqueroutes frauduleuses, qui nous ont été signalées, mais il est de notre devoir de donner au moins un exemple.

Nous allons prendre un Juif allié à un sénateur influent d'Algérie.

Lévy, ancien banquier à Oran, a fait deux fois faillite : la première remonte à 1873 ou 1874, la seconde est toute récente.

Nous ne parlerons pas du nombre considérable de colons et de commerçants ruinés par ce personnage, la liste en serait longue, et nous raviverions des blessures qui sont loin d'être cicatrisées ! Nous citerons cependant une de ses victimes, qu'ont connue et estimée beaucoup d'Oranais.

M. Sazie avait placé à peu près toute sa fortune, environ 80.000 francs, dans la maison Lévy. En apprenant la faillite de son banquier, ce malheureux se vit complètement ruiné. Ne se sentant pas le courage, après avoir vécu dans l'aisance, de lutter contre la misère, et, ne pouvant, en outre, continuer sans argent son commerce de grains, il décida d'en finir avec la vie.

Un jour, il sortit d'Oran, se dirigea vers un bois de sapins, appelé le Planteur, et là, se fit sauter la cervelle.

La nouvelle de sa mort ne surprit personne. On savait dans quelle situation le mettait la perte de son argent déposé en banque, et on prévoyait sa détermination.

Il est assez difficile de préciser ce que les Juifs retirent de chaque faillite, mais on sait que c'est pour eux un moyen de s'enrichir.

Ce que nous pouvons affirmer, c'est que peu de temps après sa première faillite, Lévy mariait sa fille à M. Oudas, professeur à la chaire d'arabe à Paris, et quelques indiscrets affirmaient qu'il lui donnait 50.000 francs de dot.

Son autre fille est mariée avec M. Jacques, fils du sénateur d'Oran.

Nous avons choisi Lévy comme exemple parce qu'il a été un des Juifs les plus influents d'Oran, et en outre parce que ces deux gendres sont deux personnages en vue. Les banqueroutiers juifs sont si nombreux qu'on ne peut avoir que l'embarras du choix.

Tout récemment encore à Constantine, le Juif Sfar gagnait l'étranger en laissant un passif considérable.

L'enquête a établi que Sfar avait fait une banqueroute frauduleuse.

Encore un, à qui le *bitit goumirce* a réussi !

Nous signalerons, en terminant ce chapitre, le procédé employé par certains banquiers pour ruiner les commerçants français.

Ces escompteurs épient leurs victimes, et le jour où, pour faire face à un paiement important, elles apportent leurs valeurs, on leur refuse les fonds au dernier moment¹. Ne pouvant payer, ils perdent leur crédit, et c'est le commencement de leur ruine.

Par tous les exemples que nous venons de citer, nos lecteurs peuvent se convaincre qu'aujourd'hui, Arabes et Français, sont complètement à la discrétion des Juifs d'Algérie.

Le Juif est un être abhorré par chaque Algérien, et nous savons tous, que, s'ils étaient libres, Arabes ou Français, auraient bien vite exterminé cette race maudite.

Est-ce à dire pour cela que nos compatriotes, établis en Algérie, sont moins humains que nous? Certainement non; mais ils connaissent le Juif et nous ne voulons pas le connaître.

Notre indifférence s'expliquait, lorsque nous ignorions la cause du malaise général; mais aujourd'hui que nous sommes initiés

---

1. Il arrive fréquemment que des commerçants français, à qui les banquiers refusent des fonds sans motif, sont obligés de vendre à vil prix, *à des Juifs*, les marchandises qu'ils ont en magasin, dans le but d'éviter des poursuites.

aux manœuvres des Juifs, pourquoi ne montrons-nous pas, par notre attitude, que nous voulons être les seuls maîtres chez nous ?

Quel est le commerçant français qui n'ait à se plaindre de la lenteur et de la difficulté des affaires ? Quel est celui qui ne répète continuellement qu'il n'y a plus d'argent, que le crédit est mort ? Et cependant si l'Etat veut faire un emprunt, nous voyons sortir immédiatement des millions, nous pourrions même dire des milliards !

D'où vient cet argent ?

De la caisse des Juifs, car ils sont les seuls détenteurs de notre or.

Toutes les sociétés financières appartiennent à ces exploiteurs, et les naïfs Français qui se laissent inscrire au nombre des administrateurs ne sont là que comme prête-noms.

III

CRÉMIEUX ET LE DÉCRET DE NATURALISATION

Sous ce même titre, nous avons exposé, dans l'*Algérie juive*, les conséquences du décret de naturalisation des Juifs indigènes; nous ne nous occuperons ici que du triste personnage qui en fut l'auteur, en faisant connaître les procédés, employés par lui, pour déjouer les plans des quelques Français qui demandèrent l'abrogation du décret du 24 octobre 1870.

De tous les hommes qui firent partie du gouvernement de la Défense nationale, Crémieux fut certainement celui qui joua le rôle le plus néfaste pour la France. *Patrie* était pour lui un mot vide de sens. Il ne songeait qu'à ses intérêts et à ceux de sa race[1].

Peu préoccupé de nos défaites, Crémieux n'hésitait jamais, sur un simple mot d'un de ses coreligionnaires allemands, à remettre en liberté *sans échange* les officiers prussiens qui étaient tombés entre nos mains.

M. Waddington fut un puissant auxiliaire pour Crémieux, qui s'écriait, un jour dans une séance de l'*Alliance israélite* :

« Ma foi est grande devant notre situation aujourd'hui si belle ! Ah ! laissez-moi reporter tout cela à la conduite si noble, si loyale et si pure qu'a tenue à Berlin notre ministre des affaires étrangères, *notre Waddington.* »

Juif ou salarié par les Juifs, M. Waddington n'épargna rien pour défendre sa race ou

---

1. — « En sortant tout à l'heure du Palais-Bourbon, racontait, le 4 septembre, Beslay père, le membre de la Commune, dans les bureaux du *Français*, j'aperçus un fiacre sur le quai et je fendis la foule pour le saisir. Mais quand je l'atteignis, plusieurs personnes venaient d'y monter, et, parmi elles, je reconnus Crémieux. — Où allez-vous ? lui demandai-je. — Je vais à l'Hôtel-de-Ville *me* proclamer... » (LÉON LAVEDAN, *le Français*, article du *Figaro* du 3 novembre 1887.)

gagner son argent. Il tint la main à la clause du traité de Berlin, qui était la mort de la Roumanie.

D'après sa doctrine, tout Juif était citoyen roumain.

Crémieux avait réussi à livrer cette faible nation à ses coreligionnaires. C'est lui qui faisait répondre par Gambetta à M. Catardji, envoyé de la Roumanie :

« — J'engage votre gouvernement à s'exécuter ; la France ne reconnaîtra pas l'indépendance de votre pays sans que vous ayez reconnu les droits civils à tous les Juifs sans distinction. »

Pendant son règne, Crémieux a tenté d'accaparer, au profit des Juifs, toutes les nations sans défense. Il a, disait-il lui-même, préparé l'avènement des descendants d'Israël.

Quoi qu'ils fassent, ils sont nés Juifs, ils mourront Juifs ; dans deux mille ans ils seront Juifs encore, et tous les décrets du monde ne changeront rien à cela.

C'est pour eux que nous avons conquis

l'Algérie, dont ils sont devenus les seigneurs suzerains, sans conteste; et quels seigneurs ! Eux, les Juifs, c'est-à-dire ce qu'il y a de plus bas, de plus rampant, de plus immonde quand il s'agit pour eux de parvenir; ce qu'il y a aussi de plus impitoyable, de plus lâchement cruel, de plus hideusement orgueilleux lorsque, leurs coffres pleins, ils commandent en maîtres !

Eh bien ! c'est pour réagir contre cette influence démoralisatrice du Juif, que nous protestons de toutes nos forces contre le décret de naturalisation, volé à la nation française Et, pour appuyer notre protestation, nous avons derrière nous toute la population de l'Algérie, sans distinction de nationalité ni de culte, car tous là-bas ont eu à souffrir de la désastreuse ingérence juive dans nos affaires publiques et privées, car tous nous avons senti que la honte nous montait au visage, et qu'il y allait de notre honneur, de secouer ce joug honteux, ignoble, insupportable.

Pendant toute sa vie, Crémieux n'a eu qu'un seul but : confisquer la Révolution française au profit de la Juiverie. Comme président de l'*Alliance israélite universelle*, il engageait tous ses coreligionnaires à se confondre avec les divers peuples qu'ils voulaient placer sous la domination d'Israël. C'était, à son avis, le seul moyen de détruire ce qu'ils haïssaient.

Crémieux savait que le Français, fier et courageux lors de l'attaque, est toujours dupe de ceux qui le bernent de promesses. De 1848 à 1851, il avait inspiré au peuple une telle confiance qu'il annonçait déjà le règne du Messie. Le coup d'Etat du 2 Décembre 1851 apporta aux plans mûris dans son esprit un retard de plusieurs années.

Dans ses *Mémoires* sur le second Empire, M. de Maupas nous raconte le procédé employé par Crémieux pour se faire incarcérer et échapper ainsi aux naïfs ouvriers, qui croyaient au dévouement de ce Juif.

Dans la matinée du 2 décembre, écrivait M. de Maupas, je recevais la visite d'une fort aimable femme dont le mari, avocat célèbre, et montagnard

6

par occasion, n'avait pas été arrêté. C'est contre cette omission que venait protester Mme C...

« Je suis au désespoir, me dit-elle; ma maison est envahie par les plus sinistres figures. Une nuée de bandits demande à mon mari de se mettre à la tête de la résistance, de provoquer une émeute; il leur prêche encore la patience, mais il sera forcé de céder à leurs obsessions; ils le mèneront aux barricades et le feront tuer. Il n'y a qu'un moyen pour moi de retrouver un peu de tranquillité, de sauver les jours de mon mari, et ce moyen, vous seul en disposez, Monsieur le Préfet. » Et comme je semblais m'interroger pour savoir à quel genre de service Mme C... voulait faire appel, elle ajoutait : « Oh ! c'est bien simple, Monsieur le Préfet, faites-le arrêter. Je sais bien que vous ne lui ferez aucun mal et ses abominables amis ne pourront au moins aller le chercher à Mazas. »

Mais le montagnard n'avait rien fait encore, à cette heure, pour motiver les rigueurs, si ingénieusement rêvées par Mme C..., dans un excès de dévouement conjugal. Je ne voulus point recourir au moyen héroïque qui m'était demandé. Je promis seulement à ma visiteuse de faire surveiller de près son mari. Je lui tins parole, et je pus constater, ce dont je n'avais jamais douté, que les discours les plus menaçants n'étaient souvent qu'une dette payée à de trop exigeants amis, et qu'au jour du danger, on laissait la besogne épineuse aux niais et aux écervelés de parti, à ceux dont le métier est de se faire tuer pour le plus grand profit de quelques ambitieux.

Notre avocat républicain resta dans les saines et traditionnelles doctrines de l'aristocratie révolutionnaire. Il s'enveloppa dans sa dignité de chef de parti, donna force conseils, ne recula devant aucune extrémité dans ses paroles, s'épuisa plus encore qu'à la tribune en protestations d'amour pour la liberté, pour le peuple, pour la démocratie, mais il vint un moment où son ardeur de langage mit en émoi les agents chargés de le surveiller. Quelle ne fut pas ma surprise en recevant un rapport qui m'annonçait l'arrestation du fougueux montagnard ! Mes agents l'avaient-ils pris au sérieux, ou, plus heureuse près de mes subordonnés qu'elle ne l'avait été près de moi, Mme C... avait-elle enfin obtenu d'eux qu'ils se prêtassent à ses prudentes sollicitudes? Elle put dormir en paix; elle vit enfin réaliser la faveur qu'elle sollicitait : son mari était sous les verrous.

Nous avons tenu à répéter cette anecdote de l'ancien préfet de police, déjà racontée par plusieurs écrivains, pour bien montrer jusqu'où peut aller la lâcheté des Juifs. Nous ne saurions en effet qualifier la conduite de ce chef de parti, qui, au moment du danger, fait solliciter un billet d'écrou, pour ne pas être obligé de marcher à la tête de ces hommes toujours prêts à sacrifier leur vie pour faire triompher leurs idées.

Si, à la chute de l'Empire, ce fait eût été connu, Crémieux n'aurait peut-être pu *se proclamer* membre du gouvernement de la Défense nationale, et les Algériens n'auraient pas aujourd'hui à déplorer les conséquences du fameux décret de naturalisation des Juifs indigènes !

Le peuple aime les discours entraînants qui semblent ourdis de patriotisme, mais il veut, lorsque les circonstances l'exigent, que l'orateur soit prêt à tenir ses promesses.

Crémieux avait su éviter le danger, sans pour cela perdre de sa popularité. Bien plus, il se donnait pour une victime du deux Décembre, et faisait souvent allusion au désespoir de sa femme lorsqu'on était venu le prendre pour le jeter au fond d'un noir cachot.

Sous l'Empire, l'avocat juif s'effaça momentanément et ne reparut à la surface, que lorsque le parti républicain, dirigé par Jules Favre, Jules Simon, Glais-Bizoin, Ernest Picard, etc., fut devenu assez puissant, Il arriva ainsi, après Sedan, à se faire admettre au nombre des membres du gouvernement de la *Défense nationale.*

« Jamais le Juif, écrivait M. Drumont dans la *France juive,* ne s'affirma plus odieusement indifférent à tout ce qui touche à la Patrie, plus implacablement préoccupé de lui-même et de sa race, que dans les décrets rendus alors par Crémieux pour l'émancipation des israélites algériens. »

Nous avons expliqué dans *l'Algérie juive,* comment Crémieux, ministre de la justice, était arrivé à faire signer le décret de naturalisation, préparé depuis longtemps, alors que tous les Français étaient en deuil, alors que tous les esprits étaient préoccupés des terribles conséquences de notre fatal écrasement par l'Allemagne.

Nous ne craignons pas de dire que ce décret fut plutôt l'œuvre d'un Juif que celle d'un ministre français.

Crémieux, qui connaissait l'hostilité qui régnait entre les Arabes et les Juifs, devait prévoir les troubles qu'il allait susciter, en choisissant un pareil moment pour décréter

6.

la naturalisation des Juifs indigènes; mais ces considérations étaient d'une bien minime importance pour cet homme qui n'avait qu'un but : trahir la France pour servir les intérêts de sa race maudite.

M. de la Sicotière a expliqué, dans son intéressant rapport, que Crémieux avait fait disparaître, avant de se retirer, les principales pièces des dossiers qui lui avaient été confiés, et que rien ne put être retrouvé des documents à l'aide desquels furent préparés les décrets du 24 octobre.

Le décret d'assimilation a été, comme nous l'avons déjà dit, la cause déterminante de l'insurrection des Arabes. « Haines de classes et de races, intérêts froissés, dit le capitaine Villot, jalousies et ressentiments, telles furent les conséquences de ce décret malheureux. »

Les indigènes musulmans furent écœurés de voir élever à la dignité de citoyens français leurs ennemis séculaires, des gens qu'ils considéraient comme lâches, serviles et méprisables. « Pourquoi donc cette préférence, dirent-ils? est-ce que les Juifs ont comme nous prodigué leur sang en Crimée, en Italie, au Mexique ? est-ce qu'ils ont dix mille des leurs prisonniers en Allemagne? »

Voici ce qu'écrivait M. de Prébois, chef d'escadron en retraite, ancien représentant de l'Algérie en 1848 :

Au moment où un comité, dit républicain ou de défense, obtenait la naturalisation en masse des Juifs, c'est-à-dire de la partie la moins intéressante de la population algérienne, et à coup sûr la plus dérisoire au point de vue de la défense, l'insurrection des Arabes et des Kabyles y répondait.

Quand ils apprirent le décret Crémieux qui naturalisait les Juifs, leur exaspération se transforma en profond mépris pour les Français, qui s'étaient abaissés jusqu'à envoyer des délégués aux Juifs de Bordeaux, pour solliciter leur assimilation à une race méprisée. Alors les premiers symptômes de soulèvement se manifestèrent. Pour qui connaît ces races indigènes, fières et belliqueuses, il est de toute évidence que leur orgueil fut révolté de se voir menacés d'être subordonnés aux Juifs. Les Français à leurs yeux descendaient au niveau des Juifs.

Ainsi les Juifs naturalisés en vue de manœuvres électorales, après nous avoir suscité bien des embarras, depuis le jour de la conquête, devaient mettre la colonie en péril. L'*Akhbar*, aujourd'hui vendu aux Juifs, disait dans son numéro du 25 novembre 1872 :

La naturalisation des Juifs a été une des causes principales de l'insurrection, elle a jeté l'insulte à la face du peuple musulman en proclamant la suprématie du Juif indigène sur l'Arabe et sur le Kabyle.

Ce qui froissa le plus les musulmans, ce fut de voir les Juifs faire fonction de jurés.

Un ancien caïd, Hamoud ben Bourena, actuellement cheick d'un douar de la commune mixte des Bibans, nous a souvent parlé de la conduite de son parent Mokrani, Kalifa de la Medjana, arrachant sa croix de la Légion d'honneur[1], en disant qu'il préférait mourir les armes à la main, que de tolérer l'affront fait à sa race en plaçant les Israélites au-dessus d'elle. Lorsqu'un officier français envoya le décret Crémieux à ce noble

---

[1]. Sidi Mohamed ben Ahmed el Mokrani avait obtenu la croix d'officier, en tuant de sa propre main, au milieu de ses partisans, l'agitateur Bou-Barghla.

Du jour où il eut connaissance du décret Crémieux, il ne voulut plus voir cette croix de la Légion d'honneur, qu'il était si fier de porter sur son burnous dans les fêtes de Compiègne et de Fontainebleau.

chef arabe, il cracha dessus et fit répondre qu'il n'obéirait jamais à un Juif.

Pour soulever les populations indigènes, Mokrani attendit que la paix fût conclue avec l'Allemagne. Il envoya alors sa croix au général Augereau et lui annonça l'insurrection.

Mokrani mourut en héros à l'Oued-Zéloum. Ne voulant pas servir la France déshonorée et ne pouvant combattre un pays qu'il aimait encore, il n'hésita pas à sacrifier sa vie à son honneur. Ayant rencontré un bataillon de zouaves placé sur un mamelon assez élevé, il descendit de cheval et gravit la côte à la tête de sa troupe, convaincu qu'il courait à une mort certaine. Il tomba mortellement frappé, donnant ainsi une preuve de son patriotisme, mais aussi de son indépendance. Il n'avait pas obéi à des Juifs.

Pour mettre fin à l'insurrection, nos généraux français durent faire des promesses formelles aux Arabes. Dans l'*Événement*, M. Aurélien Scholl raconte comment fut tenu cet engagement.

Quand les insurgés furent convaincus de l'inutilité de leurs efforts, ils acceptèrent les conditions imposées par les généraux français.

Ces conditions étaient :

L'amnistie complète: *l'aman* en échange d'une soumission immédiate.

Les lettres d'amnistie signées par les généraux Bonvallet, Lallemand, Augereau et autres existent encore.

Un insurgé exécuté à Rebeval avait conservé sur lui la lettre *d'aman*, signée par les généraux français, et en mourant il a élevé la lettre au-dessus de sa tête, prenant le public à témoin de la déloyauté française.

L'aman promis, signé et accepté, les révoltés s'étaient rendus, mais quand ils furent désarmés et au pouvoir de la France, les cours d'assises décidèrent que les généraux avaient dépassé leurs pouvoirs.

En conséquence, la capitulation fut regardée comme nulle et les insurgés furent condamnés les uns à mort, les autres à la déportation comme s'ils avaient été pris les armes à la main.

Le journaliste s'élève contre cette odieuse iniquité, cette révoltante duperie, indigne du caractère vraiment français, et qui est une des causes de notre déconsidération dans l'estime des indigènes.

Les Arabes de l'Insurrection de 1871 sont

au bagne, en prison ou en exil, et ne seront jamais graciés, parce que la plupart de ces cheicks, aghas, ou bach-aghas, possédaient en terre ou en troupeaux des fortunes considérables, dont les agents du Gouvernement se sont emparés et qu'ils détiennent encore à cette heure. Or si ces volés rentraient chez eux, les voleurs seraient obligés de rendre des comptes, non à la justice, *qui n'existe pas*, mais aux propriétaires dévalisés, dont les biens ont été distribués, les bestiaux vendus, et les revenus dévorés.

Le Gouvernement s'opposera toujours, tant qu'il sera à la merci des Juifs, à l'amnistie de Mokrani, Resgui, Ahmed ben Brahim, Brahim ben Chériff et de leurs compagnons de détention.

Le décret du 24 octobre 1870 n'étant que provisoire, l'Assemblée Nationale devait être appelée à se prononcer sur le maintien ou l'abrogation.

Le 21 juillet 1871, le décret d'abrogation fut déposé par Lambrecht, ministre de l'intérieur.

M. de Fourtou, chargé du rapport, est circonvenu par Crémieux.

Le chef de la Juiverie cosmopolite empêcha la discussion du décret, à la séance du 21 août 1871, bien que l'urgence eût été demandée et obtenue.

Dans l'exposé des motifs (*Officiel* du 22 juillet 1871) nous trouvons :

Sous l'empire de quelques vues inutiles à préciser, la délégation de Tours, par une mesure complètement étrangère à la *Défense Nationale*, décidait que les israélites indigènes de l'Algérie étaient déclarés citoyens français.
L'administration de l'Algérie n'ayant pas été consultée, les fonctionnaires chargés de l'application ont cherché à limiter et à atténuer les conséquences d'un acte qu'ils désapprouvaient ; mais l'insurrection des Arabes n'a pas tardé à démontrer l'insuffisance de ces palliatifs et à faire ressortir tout ce que le décret du 24 Octobre avait de dangereux et d'impolitique. L'abrogation en a été vivement réclamée, à ce double titre, par le gouvernement général et le ministre de la guerre.

Plus loin :

Lors de l'insurrection arabe, les israélites ne se ont prêtés qu'avec extrême répugnance au service militaire. Tout le monde sait qu'en Algérie, à part des exceptions très peu nombreuses, le tempérament et les mœurs des Israélites se refusent absolument à l'incorporation utile dans les rangs de notre armée. Ceux qui ont marché, en petit nombre, n'ont pas voulu s'accommoder de l'ordinaire du soldat en campagne, par le motif que leur loi religieuse s'y opposait.

Leur présence, comme jurés, dans les tribunaux n'est pas moins impossible. Outre que le plus grand nombre n'entend et ne parle le français que très-imparfaitement, il faut prendre garde que les Arabes ne souffriront jamais patiemment de voir des Israélites indigènes siéger parmi les juges.

L'insurrection a éclaté au moment même où les populations musulmanes ont vu, vers la fin de 1870, les Israélites faire fonction de jurés.

Au point de vue de l'électorat, les inconvénients ne sont pas moindres : ils procèdent de causes analogues à celles qui ont été relevées précédemment. On ne saurait attendre des Israélites, des votes dictés soit par des considérations politiques, soit par l'appréciation des intérêts municipaux, envisagés au point de vue de la généralité des habitants d'une commune. Ainsi qu'il a été dit déjà, ils forment et ils continueront de former un corps à part ; se considérant comme doués d'une existence propre, et par conséquent, sous l'influence des chefs religieux qui les dirigent aujourd'hui, ils porteront toujours d'un côté toutes les forces dont ils disposent.

Cet état de choses peut n'être pas sans gravité.
Par exemple :

A Oran la population française est de 8.958 âmes
la population israélite est de 5.658 —
A Constantine la population française
est de . . . . 7.887 —
la population israélite est de 4.396 —
A Tlemcem la population française est de 3.264 —
la population israélite est de 3.185 —

Il est aisé de voir que les votes des Israélites ne se disséminant point, comme ceux des Français, les conseils municipaux pourront ne contenir, en fait de conseillers au titre français, que des Juifs indigènes. A côté de ceux-ci viendront se placer, il est vrai, les conseillers étrangers et musulmans, puisque les Arabes et les étrangers conserveront le nombre des candidats qui leur est attribué, et il n'est pas impossible que les naturels français se voient entièrement exclus d'un conseil municipal français.

Le même résultat est à prévoir pour les conseils généraux, qui disposent de la moitié de l'impôt arabe, unique ressource des budgets départementaux.

PROJET DE LOI

ARTICLE UNIQUE. — *Est abrogé le décret rendu le 24 octobre 1870 par la délégation de Tours à l'effet de déclarer citoyens français les Israélites indigènes d'Algérie.*

Par suite du retard apporté dans la discussion, Lambrecht dut soumettre à la signature du Président de la République, les décrets des 7-9 octobre 1871, dont le but était de faire disparaître du décret de naturalisation ce qu'il avait d'anormal.

L'article 1ᵉʳ était ainsi conçu :

Le Président de la République, sur la proposition du Ministre de l'intérieur et du Gouverneur civil de l'Algérie, décrète :

ARTICLE 1ᵉʳ. — *Provisoirement et jusqu'à ce qu'il ait été statué par l'Assemblée Nationale sur le maintien ou l'abrogation des décrets du 24 octobre 1870, seront considérés comme indigènes et à ce titre demeureront inscrits sur les listes électorales, s'ils remplissent les conditions de capacité civile, les israélites nés en Algérie avant l'occupation française ou nés depuis cette époque de parents établis en Algérie, à l'époque où elle s'était produite.*

Aux élections d'octobre 1871, Crémieux, dont pas un collège électoral français n'avait voulu, fut élu par ses coreligionnaires indigènes, qu'il venait de faire citoyens français: on avait encore besoin de lui pour combattre le projet d'abrogation présenté par le ministre de l'intérieur.

Quelques jours avant la discussion, Lambrecht mourut subitement et fut remplacé par M. Victor Lefranc. La nouvelle de cette mort fut une agréable surprise pour les descendants d'Israël: ils étaient débarrassés du seul homme, ayant assez de prestige à la Chambre, pour faire annuler le décret du 24 octobre.

Quand la délibération vint à l'ordre du jour, M. de Fourtou, rapporteur de la commission, annonça que, dans l'intervalle des vacances qui venaient d'avoir lieu, le Gouvernement avait modifié largement le décret du 24 octobre, que la commission examinerait le nouveau décret qui lui semblait devoir mettre un terme à toute espèce de discussion.

L'affaire était donc définitivement terminée et l'Algérie fut abandonnée à son malheureux sort.

En 1884, plusieurs Algériens envoyèrent

une pétition à la Chambre des députés, pour demander l'abrogation du décret Crémieux. *La Solidarité*, journal de M. Marteau, qui compte, parmi ses collaborateurs, une demi-douzaine de Juifs, dont Henri Tubiana est le plus bel ornement, semblait dire que la ville d'Alger ne pourrait plus se *réhabiliter* aux yeux de la Chambre des députés qui allait se payer des bosses de rire (*sic*) à la lecture de cette pétition.

En réponse à l'article de la *Solidarité*, on lisait dans le *Radical algérien:*

> Nous ne doutons pas un instant de l'accueil qui sera fait aux vœux de l'Algérie ; le décret ne sera pas rapporté, c'est évident ; mais la France saura que les Juifs algériens ont amassé sur eux une dose de haine qui, tôt ou tard, fera *explosion*.
> Nos députés réfléchiront à cela et nous ne pensons pas qu'il y ait là matière à *se payer des bosses de rire*.
> Nous savons que la classe dirigeante, qui exploite notre belle France, est pourvue de Juifs ; qu'ils tiennent dans leurs mains, indépendamment de la banque, une notable part des pouvoirs publics, et que, comme à Alger, la presque totalité de la presse leur appartient.

Mais peu importe ; si nous ne réussissons pas aujourd'hui, l'avenir nous donnera raison. C'est une question de temps.

Quand la coupe sera pleine, quand, par leur arrogance et leurs vilenies, ils nous auront rendus furieux, quand la nation sentira un jour, — ce qui ne peut tarder — qu'elle n'a détruit l'ancien régime que pour tomber sous l'oppression juive, elle se revoltera et cette révolution laissera bien loin derrière elle la manifestation, plus bruyante que dangereuse, des Algériens.

Grâce au décret de naturalisation, les Juifs noient l'élément français sous des flots d'Israélites venus de tous les points de l'Afrique.

En 1871, ils furent les seuls à s'opposer à l'amnistie des Arabes, qui leur avait été promise par nos généraux.

Chaque fois que cette question a été soulevée à la Chambre, le gouvernement s'est fait le porte-parole des Juifs.

Lors de la discussion de l'amnistie en 1886, M. Thomson déclara qu'on ne pouvait libérer les Arabes, parce qu'on était dans l'impossibilité de leur rendre les biens qu'on avait confisqués.

M. Camille Dreyfus, qui cherche cependant à se poser comme un des leaders de l'Extrême-Gauche, se prononça énergiquement contre la proposition.

L'amnistie fut rejetée, cette fois-ci encore, parce qu'on ne pouvait pas en faire profiter les Arabes.

En naturalisant les Juifs indigènes, Crémieux savait qu'à côté de la France juive, il allait préparer l'Agérie juive. Il était heureux de nous aliéner ces braves Arabes, qui étaient tout disposés à servir la France.

Nous voyons alors les Juifs, tirés par nous de l'esclavage où ils étaient maintenus sous la domination arabe, envahir insensiblement notre société, non pour s'assimiler à elle, mais pour rester une caste à part qui veut dominer. Ils pénètrent partout audacieux et arrogants ; la fortune publique passe dans leurs mains usuraires, et, comme si ce n'était déjà trop, ils briguent les fonctions électives avec un succès menaçant.

Tel est le maître que notre politique sentimentale nous a donné et à l'unique profit de qui, jusqu'à présent, le sang français a coulé sur la terre africaine.

Les deux plus grandes œuvres de Crémieux sont sans contredit, le décret de naturalisation des Juifs indigènes, et la constitution de *l'Alliance israélite universelle en 1860.*

Tout Juif peut faire partie de l'Alliance en payant une cotisation annuelle de six francs. Elle est gouvernée par un comité central, composé de soixante membres[1], et dont le siège est à Paris. Ce comité correspond directement avec les comités régionaux ou locaux.

Les membres du comité sont nommés pour

---

1. Les deux rois de France et d'Algérie, Rothschild et Kanoui, ne font pas partie du comité central.
Parmi les Juifs étrangers, faisant partie du comité, nous trouvons les Allemands Adler, Baerwald, Feilchenfel, Neumann, Gratz, Fuld ; les Hollandais Dunner, Daniels ; l'Anglais Goldsmith, etc. Toutes les nations y sont représentées.
C'est à l'aide de ce comité universel que les Juifs espèrent gouverner le monde. M. Kalixt de Wolski a expliqué dans la *Russie juive* le *Kahal* des Juifs d'Orient ; l'Association israélite universelle est le *Kahal* des Juifs d'Occident, l'organisation civilisée à côté de l'organisation sauvage et brutale peinte avec tant de relief par l'écrivain polonais.

neuf ans, renouvelables par tiers tous les trois ans, et indéfiniment rééligibles. Chaque année, ils élisent un bureau, composé d'un président, de deux vice-présidents, d'un trésorier et d'un secrétaire général.

Il suffit de dix adhérents pour constituer un comité local ; les comités régionaux peuvent être constitués partout où il y a plusieurs comités locaux.

Les comités locaux ou régionaux transmettent au comité central et en reçoivent les communications sur tout ce qui peut intéresser la société.

Ils provoquent et recueillent les souscriptions et en versent le produit dans la caisse du comité central.

Le nombre des adhérents est actuellement de 30 000. Les ressources de l'association sont illimitées, bien qu'il n'y ait qu'un million porté au budget. *L'Alliance, disait lui-même Crémieux, n'est pas une alliance française, allemande ou anglaise, elle est juive; elle est universelle. Voilà pourquoi elle marche, voilà pourquoi elle réussit.*

L'Alliance israélite est une puissance au milieu des autres puissances ; elle traite d'égal à égal avec tous les Etats ; elle pose ses ultimatum aux souverains qui sont souvent obligés de les subir.

Avant de mourir, Crémieux, qui a joué un rôle si néfaste pour la France, a dicté l'inscription à graver sur son tombeau, sis au cimetière Montparnasse.

A ISAAC CRÉMIEUX

PRÉSIDENT DE L'ALLIANCE ISRAÉLITE UNIVERSELLE

On aurait pu ajouter au dessous :

A l'homme qui a livré l'Algérie aux Juifs.

Dans son testament, Crémieux léguait 10 000 francs à l'Alliance israélite universelle. Il était heureux d'alimenter, encore après sa mort, la caisse de la société qui veut gouverner le monde.

Si nous ne nous révoltons pas contre la

tyrannie des Juifs, nous verrons bientôt les disciples de Crémieux, affirmer hautement qu'il n'y a que les Juifs qui soient chez eux en France et en Algérie.

IV

LES TROUBLES D'ALGER

Nos lecteurs n'ont pas oublié les troubles qui se produisirent à Alger, en juin 1884, mais la plupart, trompés par les rapports fantaisistes des journaux, en ont ignoré la véritable cause.

Les Français se sont révoltés contre le despotisme des Juifs. Ils ont prouvé qu'ils ne voulaient plus être dupes de l'hypocrisie de nos gouvernants, et qu'à l'occasion, ils sauraient reprendre par la force ce qu'on leur avait enlevé par la ruse.

Ces fréquentes protestations des Arabes et des Français montrent ce que sont ces Juifs naturalisés par Crémieux.

On a manifesté contre l'organisation antidémocratique qui embrigade la presque unanimité des Juifs d'Algérie.

On a crié : « A bas les Juifs ! » On a publiquement flagellé les amis intéressés de ces mêmes Juifs.

Ces manifestations ont éclaté fatalement, spontanément, et comme un cri que les poitrines françaises contenaient depuis trop longtemps.

Chacun a senti qu'il fallait laisser jaillir ce cri. Il a jailli, et nous sommes fermement convaincu que les malheureux, achetés par de hauts intrigants que nous saurons démasquer, se souviendront longtemps de l'explosion qui condamne à jamais le système qui tente de nous reléguer au rôle de parias.

Dans leur réunion du 20 juin, quelques jeunes gens de la classe 1883 avaient nommé la commission suivante, chargée d'organiser une fête qui devait avoir lieu avant leur départ :

Ch. Belvert, président; Léopold Elie, vice-président; Ch. Margeret, secrétaire; David Lalouch, trésorier; Douniac, Henry, Cellerié, Natal, Bossan, Stora, Petit et Zermati, membres adjoints.

La commission avait convoqué à la mairie tous les jeunes gens de la classe 1883, le 27 juin à 8 h. 12, pour fixer la date de la fête et s'entendre sur les détails.

Les Français, mécontents de la manière dont la commission avait été formée (les chrétiens élus à une ou deux voix de majorité, les Juifs avec vingt ou trente voix), appuyèrent la scission demandée par un membre, et quelques-uns proposèrent que, seuls, les Français faisant leur service en Algérie, fussent admis dans la commission.

Des paroles vives furent échangées.

— Les Français sont des lâches! Cochons de Français!

— Pas de Juif pour trésorier! Mort aux Juifs!

Ces exclamations portèrent à son comble l'irritation de part et d'autre et la bagarre commença dans la salle même de la mairie où tout fut brisé et saccagé.

Les Juifs, presque tous porteurs de cannes, quelques-unes plombées, menacèrent les Français qui se tinrent en garde. Les batailles engagées à l'intérieur continuèrent au dehors.

Un chrétien, M. L. C., à qui on demandait des détails, se détourna brusquement à ces mots : « Sales Français ! » et administra une volée énergique à l'auteur de ces paroles.

La lutte pourtant était inégale. Plus nombreux, porteurs de cannes, les Israélites l'emportaient, quand la police, qu'on était allé quérir, arriva sur les lieux.

MM. S. et B., du haut du balcon du cercle, au-dessus du café de Bordeaux, voyant trois Juifs s'acharner sur un Français, descendirent en toute hâte et réussirent à arrêter les agresseurs et à les remettre aux mains des agents qui les conduisirent au poste.

Plusieurs Français, mis au courant de ce qui se passait, se mirent alors de la partie, et une chasse commença des deux côtés.

Il est à remarquer que les Juifs, qui avaient été les agresseurs, alors qu'ils étaient les plus forts en nombre, battirent en retraite et envoyèrent les plus influents des leurs, demander aide et protection aux autorités.

Quelques combattants s'étant réfugiés au café de la Bourse, la lutte continua dans l'intérieur de l'établissement; coups de poing et coups de canne de pleuvoir drus comme grêle, verres et carafes de voler de tous côtés ! L'affaire allait devenir sérieuse. Les Arabes, avertis de ce qui se passait, arrivaient de tous les points de la ville, montrant des dispositions menaçantes. La présence des agents aidés de quelques soldats de bonne volonté, empêcha cette échauffourée de dégénérer en rixe sanglante.

Dans la bagarre, il y eut quelques jeunes gens blessés grièvement.

Un Français, M. L., eut la main droite à moitié coupée ; un autre, M. D., reçut un coup de canne plombée.

L'effervescence continua pendant plus d'une heure, et des discussions, toujours vives, avaient lieu dans les groupes sur la place du Gouvernement et le long du boulevard de la République.

Un moment, on put évaluer à plus de deux mille le nombre des acteurs et spectateurs de cette échauffourée.

Un citoyen fort honorable proposa de terminer là ces manifestations de la rue et de convoquer tous les Français indépendants à de grandes réunions publiques dans lesquelles on prendrait les mesures nécessaires pour que satisfaction fût donnée.

Ces paroles furent applaudies, et comme la foule, en se retirant, portait en triomphe celui qui venait de les prononcer, elle fut brusquement et lâchement chargée par une troupe qui débouchait de la rue Juba.

Plusieurs personnes furent atteintes de coups de baïonnette, d'autres maltraitées, brutalisées.

De la part de la foule, il n'y avait pas eu provocation, et, du côté de la troupe, aucune des sommations légales n'avait été faite.

C'est ainsi que les autorités, pour donner satisfaction aux Juifs, ont, par l'intervention de la force armée et le déploiement inusité et presque grotesque de la force publique, prolongé l'agitation plutôt de surface que sérieuse au fond. Mais il fallait au préfet Firbach sa petite mise en scène, et à M. Tirman ses journées de Juin.

Le lendemain, plusieurs Français, qui n'avaient pas pris part à la bagarre de la veille, se rendirent place du Gouvernement pour protester contre l'attitude provocante de l'administration. Ils parcoururent les rues du quartier de la Préfecture, en chantant la Marseillaise et en criant! « A bas les Juifs! »

Arrivés dans la rue Bab-el-Oued, ils s'arrêtèrent devant la boutique du Juif Cohen, quincaillier de profession, usurier par nature, et, après avoir échangé quelques violents propos, ils envahirent la boutique et brisèrent la devanture. Quelques dégâts furent également commis dans le magasin de Michel Fassina.

Vers 4 heures, la bande, grossissant à chaque instant, se rendit dans la rue Traversière près de la préfecture. Comme elle passait devant la petite Synagogue, située dans cette rue, quelques Juifs, du haut d'une terrasse, firent pleuvoir sur les manifestants une grêle de pierres, de briques et de toutes sortes d'ustensiles. Ce fut grâce à l'attitude énergique de certains agents que des malheurs furent évités. La police engagea les boutiquiers Juifs à fermer leurs magasins ; elle les invita également à ne pas sortir de chez eux.

Sur la demande des membres du Consistoire, Tirman fit appeler chez lui le préfet Aaron Firbach, et le procureur général Pompéi, pour s'entendre avec eux sur les mesures d'ordre à prendre pour protéger les Juifs. Il demanda en outre aux conseillers indigènes d'user de leur influence pour calmer les esprits.

Les troupes, qui avaient été consignées, reçurent l'ordre de quitter leurs quartiers. Partout sur leur passage les cris de : « Vive la France ! vive l'Armée ! » se mêlent à ceux de : « A bas les Juifs ! » Malgré les patrouilles, malgré les charges de cavalerie, la foule continua à affluer toute la soirée autour de la place du Gouvernement ; quelques rixes éclatèrent, des arrestations furent opérées, mais ne furent pas maintenues.

Enfin, vers minuit, Pelletier, commissaire de police du 3ᵉ arrondissement, parvint, grâce à son énergie et à sa vigueur intelligente, à mettre fin à l'émeute.

L'autorité supérieure, qui seule a contribué à fomenter les troubles, a accusé les rares journaux indépendants d'Alger, d'avoir cherché à provoquer les citoyens les uns contre les autres.

Le *Petit Colon* et le *Radical algérien* n'ont fait que leur devoir. Ils se sont indignés des propos outrageants tenus contre les Français, ils en ont demandé rétractation, et en cela ils étaient l'écho de tous les vrais Français. Ils ne pouvaient pas, ils ne devaient pas cacher la vérité à leurs concitoyens.

Bien plus, voyant que les manifestations prenaient un caractère alarmant, ils ont plutôt cherché à atténuer les causes d'irritation latentes qu'à les provoquer.

Tout allait être terminé, et voilà que tout s'est aggravé par suite de l'attitude provocante, inouïe, des autorités militaires et de certaines autorités civiles, empiétant, malgré la loi, sur les droits de l'autorité municipale, et ne tenant aucun compte des ordres qu'elle avait donnés et qu'elle seule avait pouvoir de donner.

Le fait le plus grave, nous est raconté par le *Radical algérien*.

Le 30 juin 1884, à 11 heures 50 du soir, un colonel de gendarmerie française, au mépris des droits de l'autorité municipale, seule responsable de la sécurité et de la tranquillité publique, un colonel de gendarmerie française, commandant à des soldats, ivre ou fou (nous en appelons à M. Guillemin, maire d'Alger, à nos conseillers, aux magistrats groupés autour d'eux), a donné l'ordre à ses soldats de charger, sans qu'il y ait eu provocation et sans sommation, sur l'élite de la population française d'Alger, réunie autour de ses seuls représentants[1].

Le sang a coulé.

Des citoyens inoffensifs, d'âge mûr et honorables, se sont vus bousculés, maltraités, frappés à coups de baïonnette. Les représentants de l'autorité, maire, conseillers muni-

1. Les députés et sénateurs de l'Algérie, télégraphiquement avertis, ont imité de Conrart le silence prudent.

cipaux, commissaires de police, ceints de leurs écharpes, ont échappé par hasard, à ces charges hideuses et sans nom.

« Il faut, ajoutait le *Radical algérien*, que la lumière se fasse et qu'on nous dise à qui incombe la responsabilité de pareils ordres, si c'est au préfet, ancien fonctionnaire de l'Empire, au général de division ou au gouverneur civil de l'Algérie, Tirman ? Il faut enfin qu'on nous dise, si, depuis trois jours, l'Algérie est hors la loi ?

» Restons, nous, dans la légalité et si nous voulons, si nous devons protester, faisons-le avec calme, avec modération, avec sagesse. »

C'est là le langage d'un Français indépendant, exposant les faits nettement et sans emphase.

Quant à l'ordre donné au colonel de gendarmerie, il émanait des Juifs et avait suivi la filière ordinaire.

Où était le gouverneur général pendant la bagarre ?

A Mustapha, disaient les uns, au palais Bruce, affirmaient les autres. Ce que chacun a constaté, c'est que le Gouverneur a donné des ordres, mais qu'il n'a pas paru.

Sa dignité, son prestige, lui interdisaient de se montrer, disaient ses partisans.

La dignité, le prestige ! Allons donc ! Mots creux, mots idiots qui ne signifient rien, alors que sont en jeu la tranquillité et la sécurité d'une ville, alors que la population énervée est sur le point d'en venir aux mains avec la troupe.

En ne venant pas au poste qui lui était assigné, Tirman a manqué à tous ses devoirs.

Il est coupable, en outre, de n'avoir pas, lorsque les membres du Consistoire sont allés lui adresser leur plainte, exigé d'eux, avant de les entendre, qu'une protestation énergique fût signée contre les Juifs qui avaient insulté les Français.

Coupables aussi sont le préfet et le procureur général, coupables toutes les autorités civiles !

Les hommes qui n'ont ni courage, ni sang-froid, ni énergie au moment du danger, les hommes qui, sans protestation, laissent impunément insulter leur Patrie, les hommes qui, à l'abri des baïonnettes, protègent l'insulteur contre l'insulté, sont indignes de présider aux destinées d'une ville. Que ces hommes se retirent d'eux-mêmes, avant qu'on ne les force à se retirer !

Nous sommes heureux, toutefois, de féliciter le maire d'Alger de l'énergie dont il a fait preuve dans la nuit du 29 au 30 juin.

Tandis que le colonel de gendarmerie, à la tête de son ou de ses escadrons, chargeait la population, M. Guillemin s'est avancé et, au nom de la loi, a protesté contre cet abus de l'autorité militaire.

Le colonel s'est alors permis de répondre au premier magistrat d'Alger :

— *Tout maire d'Alger que vous êtes, je ferai charger sur vous.*

— *Eh bien, chargez! répondit le maire, chargez!* et en même temps il découvrait sa poitrine.

La foule a protesté énergiquement contre ce régime du sabre.

Ce n'est pas légal, disait-on de tous côtés,

et nous voulons savoir qui a donné à ce colonel des ordres semblables?

Pourquoi cet officier, dont nous ne saurions qualifier la conduite, n'a-t-il pas été révoqué?

Le plus dévoué protecteur des Juifs pendant l'émeute, fut, sans contredit, le sieur Allaman, dit Allan, rédacteur de la *Vigie Algérienne*, connu à Alger sous le pseudonyme de *l'homme aux soufflets*.

Il a éprouvé par lui-même, pendant les troubles, l'effet des conseils qu'il donnait et des outrages qu'il distribuait à tort et à travers dans son journal.

Venu au square après avoir publié un article aussi perfide qu'injurieux contre un grand nombre de jeunes gens qui avaient manifesté leur sympathie en faveur du *Radical*, le sieur Allan a été reconnu, interpellé, sifflé et traité d'insulteur, de lâche et de vendu aux Juifs.

Entouré par une foule dans laquelle il n'y avait certainement point les *voyous* qu'il avait voulu qualifier, il a tiré un revolver de sa poche. Ce geste a été le signal d'une agression dont un brave agent lui a évité les suites en prenant sa défense, et en se jetant au-devant des coups.

Il est regrettable que l'agent ait été molesté en faisant son devoir.

Quant à Allan, qui fait profession d'insulter et calomnier tous ses adversaires et tous ses confrères sans jamais accorder une réparation loyale d'homme à homme et qui conseillait, dans son journal, de « rosser les insulteurs », n'a-t-il pas eu ce qu'il méritait?

De concert avec quelques-uns de ses confrères vendus aux Juifs, le rédacteur de *la Vigie* a essayé d'insinuer que les troubles étaient dûs à la question religieuse. Il fallait vraiment ne pas avoir d'autre argument dans son sac pour chercher à se servir de celui-là.

Ils savaient bien, ces vils gribouilleurs de papier, que de cette question-là, notre population française se moquait au moins autant que de leurs longues et injurieuses tirades. Ils le savaient, mais comme ils n'avaient rien de mieux à dire, ils ont enfourché ce *dada* et rempli leurs colonnes.

S'ils avaient été moins malhonnêtes, ils auraient dit avec les publicistes indépendants :

La morgue, l'orgueil des Juifs à notre égard, leur envahissement progressif de tous les emplois chez nos hommes de loi, dans nos maisons de commerce, dans nos administrations et, en un mot, dans tous les endroits où le salaire est à la merci d'un patron, tels sont les griefs qui, longtemps contenus et analysés, ont enfin éclaté.

S'ils n'avaient pas été vendus, ils auraient ajouté que le Juif, jouant dans toutes les sociétés le rôle de ver rongeur, il fallait l'extirper.

La leçon reçue par Allan avait sans doute été insuffisante, car, dès le lendemain, la *Vigie algérienne* revenait avec audace sur la «bastonnade», et le bâtonné, tout en se montrant très modéré vis-à-vis ceux qui l'avaient battu, essayait une diversion malproprement injurieuse contre plusieurs personnes et notamment contre M. Legrand fils, dont il déclarait avoir reçu les témoins..... en les mettant à la porte.

A six heures, en pleine place du Gouvernement, l'insulteur patenté, comptant sur la protection de la police, était venu promener son cynisme provoquant.

Il fut accosté par M. Legrand de Prébois, père du jeune Legrand, visé par l'article de la *Vigie*, qui lui donna une paire de soufflets en le défiant d'accepter un duel.

Allaman, dit Allan, ayant répondu qu'il ne se battrait pas, M. Legrand s'écria :

« *Je sais que vous n'agissez que pour l'argent; eh bien! j'offre mille francs pour payer le droit de vous trouer la peau.* »

Le rassemblement et l'émoi causés par cet incident n'étaient pas encore dissipés que M. Legrand fils, qui avait répondu aux insultes de la *Vigie* par un envoi de témoins, resté infructueux, est intervenu à son tour pour souffleter Allan. Celui-ci voulut se défendre à coups de canne, mais son agresseur s'empara de la canne et l'en frappa à plusieurs reprises.

Quelques instants après, un manifestant de l'avant-veille est venu gifller Allan, en lui disant :

— Voilà pour les insultes que vous nous avez jetées dans votre journal. Il en sera tous les jours ainsi tant que vous ne les aurez pas retirées.

C'est alors que la population tout entière, massée sur la place, a couvert de huées le directeur de la *Vigie*, entraîné, poussé par quelques personnes, protégé par MM. de Fonvielle et Lindekaert, commissaire de police, qui le poussèrent vers un fiacre, où il monta seul pour échapper à cette nouvelle bastonnade qui menaçait de devenir plus grave que la première.

Voilà cependant un protégé de M. Tirman.

Cette exécution populaire a été un acte de souveraine justice.

Allan était à la fois un des promoteurs de l'agitation, et l'insulteur de nos jeunes compatriotes ; aussi les colères de la foule se calmèrent-elles presque subitement et la ville reprit-elle son calme habituel, dès que le

8.

salarié des Juifs eut été jeté dans le fiacre !

La soirée se termina par des plaisanteries sur la *Vigie* et son directeur.

Au square cent cinquante jeunes gens se réunirent autour d'un bassin, déjà baptisé du nom de *Bassin Allan*, et ils y plongèrent quelques numéros de la *Vigie*, avec un bonhomme en papier figurant grotesquement le personnage. Quelques-uns, ayant étalé sur les algues du bassin un numéro du *Radical*, il a été immédiatement couvert de fleurs au milieu des applaudissements de la foule.

Le groupe était tellement joyeux et inoffensif, que la police jugea inutile d'intervenir.

Cette gaieté devint communicative et la manifestation se termina par un immense concert d'éclats de rire.

Il est à remarquer que les Arabes, — dont la haine vivace contre les Juifs a toujours été évidente — ont généralement conservé, pendant la durée des troubles, une attitude réservée et se sont tenus à l'écart de toute manifestation.

Dans une allocution, prononcée aux mosquées de la rue de la Marine, les Muphtis des rites Maleki et Hanefi engagèrent leurs coreligionnaires à conserver, pendant toute la durée des troubles, une attitude correcte.

L'un d'eux termina par cette phrase, reproduite par le *Petit Colon*.

— *D'ailleurs, le jour n'est pas arrivé.*

Dès le commencement de l'émeute, les Juifs d'Oran, dont on connait le fanatisme, excités par Kanoui, envoyèrent une délégation à Alger, dans le but, disait-on, d'engager les Juifs de cette ville à la résistance contre le mouvement.

Les délégués provoquèrent, au Consistoire israélite, une réunion à laquelle assistèrent les *notables* israélites d'Alger, et qui était présidée par Kanoui.

La réunion décida que les Juifs d'Alger enverraient leur famille, vieillards, femmes et enfants, dans l'intérieur, après quoi les hommes valides se réuniraient seuls dans un quartier qu'on désignerait ultérieurement.

Certains journaux, entre autres. le *Petit Colon*, affirmaient alors que la panique était telle dans le camp d'Israël, que, pendant la séance, l'un des membres de la réunion proposa de « se mettre sous la protection anglaise !»

Kanoui a démenti ce fait dans les journaux juifs, mais nous savons ce que valent les dénégations de ce Rothschild oranais!

Bien qu'arrivé à Alger avant les troubles, dans le but de sauver les Juifs d'Oran, poursuivis pour émission de fausse-monnaie, Kanoui a été certainement l'instigateur des ordres donnés par les autoritées.

Nous ne saurions trop sévèrement blâmer la conduite de certains journaux, tels que l'*Akhbar*, le *Moniteur de l'Algérie*, qui, pour soutenir les Juifs, prétendaient que MM. Marchal et Pressecq-Rolland, directeurs du *Petit Colon* et du *Radical*, avaient seuls préparé cette tentative de révolte des Français contre les Juifs. C'était, pour ces hommes vendus aux Firbach, Kanoui et Cie, un crime inexcusable de démasquer les Juifs.

Voici du reste ce que disait l'*Akhbar*, dans son numéro du 1ᵉʳ juillet 1884 :

Les insinuations persistantes du *Petit Colon* et du *Radical* ont enfin produit leurs résultats ; il était impossible qu'il en fût autrement.

Ce n'est pas impunément que ces deux journaux ont injurié, calomnié les Juifs et qu'ils les ont désignés à l'animadversion publique.

A force de parler, toujours dans le même sens, ils ont surexcité quelques têtes folles et à la première occasion un conflit inévitable devait fatalement se produire. Si quelque chose doit nous surprendre, ce n'est pas que des désordres aient eu lieu ; c'est au contraire qu'ils n'aient pas été plus graves, car le terrain avait été préparé depuis longtemps.

Heureusement le *Radical* et le *Petit Colon* n'ont aucun crédit sur la partie saine de la population. On a pu voir ces jours derniers quels étaient leurs adeptes, et cela n'est pas à leur honneur : en dehors de quelques jeunes gens, imprudents et légers, la foule des perturbateurs ne se composait que d'étrangers et d'Arabes appartenant aux classes les moins éclairées de la société. Il y avait aussi dans la foule des individus mal famés, des souteneurs, des déclassés de toute espèce au milieu desquels la rédaction du *Radical* se trouvait naturellement placée. Elle était là comme chez elle, et elle n'avait pas tort. On peut donc dire que c'est grâce à eux que nous avons eu la douleur de voir se prolonger le spectacle ridicule et lamentable qui s'est déroulé sous nos yeux depuis quarante-huit heures.

Ainsi que nous le disions tout à l'heure, le terrain était si bien préparé qu'il a suffi d'une étincelle pour mettre le feu aux poudres.

L'imprudence de quelques jeunes conscrits a été cette étincelle.

Ils ont voulu exclure les Juifs d'une commission où ils avaient le droit de figurer tout comme les autres citoyens ; une discussion vive s'est élevée, elle a été suivie d'une rixe de peu d'importance. Voilà le point de départ.

D'après vous, de Fonvielle, ce sont des perturbateurs, ces Français, qui ne trouvent pas naturel de voir les Juifs insulter et voler des Français ?

Vous n'admettez pas que des publicistes conservent leur indépendance, alors que les Juifs veulent les acheter avec l'or volé à vos nationaux et aux Arabes ?

Il vous importe peu, à vous, que toute la fortune, privée ou publique, passe entre les mains des Juifs, si l'on vous paie!

Et vous prétendez être honnête, vous prétendez aimer votre pays !

Allons donc !

Vous êtes plus juif que les Juifs !

Au lieu de faire d'aussi longues tirades, vous auriez dû vous borner à dire, comme votre compère Allan, que tous les protestataires étaient des *voyous*.

MM. Pressecq-Rolland et Marchal ont eu raison de ne pas traiter en confrères, des hommes assez vils pour se faire les complices de nos ennemis. Nous les remercions, au nom de tous les Français d'Algérie, pour cette campagne qu'ils ont faite contre les Juifs et nous leur demandons de la continuer ensemble.

Il faut désormais que les sociétés, libres de leur choix d'admission, éliminent tous leurs sociétaires juifs et refusent toute admission juive, car c'est par ces sociétés que les disciples, du cent pour cent se sont implantés dans nos affaires et qu'ils sont parvenus, — comble de la honte ! — à nous imposer leurs lois dans nos assemblées élues, en les émaillant agréablement des Abraham, Jacob, Mardochée, Chlomon, Léon, et autres

Juifs de marque qui en font le plus bel ornement.

Il faut donc les écarter de nos sociétés civiles pour qu'elles ne soient plus un marchepied aux honneurs, à la fortune, aux bons emplois, ainsi qu'elles le sont devenues depuis qu'il s'est glissé des Juifs dans leur sein, des Juifs qui les ont démoralisées ; elles redeviendront alors ce qu'elles étaient, ce qu'il faut qu'elles soient : des institutions démocratiques de secours, des écoles de fraternité.

Pour atteindre ce but, il faut que les journalistes indépendants travaillent à l'union de tous les Français. Leur tâche sera d'autant plus facile que tous nos nationaux sont animés des mêmes sentiments et qu'ils sont tous disposés à suivre les conseils de ceux qui leur ont déjà donné des preuves de leur dévouement.

Quant aux feuilles juives et à leurs directeurs, nous avons raconté comment on en avait fait justice !

Pendant qu'on jetait dans le bassin quelques numéros de la *Vigie*, la simple réflexion d'un des assistants « Arrêtez, vous allez empoisonner les poissons » montre bien le cas qu'on faisait d'Allan et de sa prose.

En France, et à Paris surtout, il n'est pas un journal qui ait osé raconter dans quelles circonstances les troubles s'étaient produits!

Pourquoi ce silence, alors que la plupart avaient été avisés de ce qui se passait ?

La dépêche suivante fut adressée à un grand journal parisien :

1ᵉʳ juillet 1884, 2 heures du matin, n° 682. Réponse Payée.

Mouvement anti-sémitique. Manifestation française générale. Déploiement de troupes considérable. Gendarmerie charge peuple français sans défense, baïonnettes au canon, sans sommations légales. Demandons appui presse parisienne. Comptons sur vous.

Cette dépêche est restée sans réponse, et n'a jamais été publiée.

Les journaux français, qui sont la propriété presque exclusive des Juifs, étaient plus heureux de donner certains passages de l'*Akhbar* ou de la *Vigie*, tels que celui-ci :

« Les Juifs savent qu'ils sont Français et ils ne cherchent pas à se soustraire aux obligations que ce titre leur impose. » (*Akhbar*, 4 juillet 1884.)

Ils enfilaient même certaines tirades et en arrivaient presque à conclure que les Algériens avaient tort de ne pas obéir aux Juifs.

M. Laisant, député républicain, avait sans doute été lui-même circonvenu par les Juifs ; car, dans un article relatif aux troubles d'Alger, il disait :

Ce qui vient de se passer à Alger, ce qui s'y passera peut-être encore demain est abominable. De telles scènes sont indignes d'un pays civilisé, déshonorantes pour les autorités qui ne savent pas y mettre un terme, déshonorantes pour la France elle-même, au nom de laquelle on se livre à ces actes de barbarie.

L'exposé des faits, *dans toute leur vérité*, suffira, dès qu'ils seront suffisamment connus, à soulever l'unanime réprobation du public français.

Si nous en sommes à recommencer la Saint-Barthélemy ou les Vêpres Siciliennes, si nous ne savons pas nous dégager de ces ignobles haines de religions ou de races, si des Français peuvent impunément menacer et frapper des gens *inoffensifs* en pleine rue, nous descendons à l'état sauvage et nous pouvons marcher de pair avec les *Canaques* de la Nouvelle-Calédonie.

Quant aux *victimes* de ces agressions abominables, quant aux Israélites d'Algérie, ils ont, ce nous semble, une attitude bien nette à prendre, au cas où les attentats, qui se sont produits contre eux, viendraient à se produire encore. Qu'ils s'organisent, qu'ils s'arment et qu'ils se défendent eux-mêmes, puisqu'on ne les défend pas. Se laisser battre comme plâtre ou égorger comme des poulets n'est pas un moyen efficace.

Si les *lâches* qui les attaquent, y risquent leur vie, ils y regarderont peut-être à deux fois.

Nous voyons avec peine certains de nos confrères algériens, au lendemain même de ces violences, traiter ce qu'ils appellent la « question juive », et s'efforcer de donner une couleur politique à de telles *ignominies*.

Il s'agit bien, en vérité, de savoir si Crémieux a eu tort ou raison d'accorder aux Juifs la naturalisation !

Il s'agit bien de savoir s'ils valent plus ou moins que leurs coreligionnaires de France, plus ou moins que les catholiques d'Algérie !

M. Laisant termine ainsi :

Nous engageons donc ceux qui traitent avec tant de sollicitude de la « question juive » à prodiguer surtout et d'abord leurs bons avis aux catholiques ou aux protestants qui se conduisent comme viennent de se conduire les *lâches* agresseurs d'Alger[1].

Cet article de la *République radicale* du 13 juillet 1884, dont nous ne citons que quelques passages, prouve que les publicistes avaient reçu des ordres pour tromper la bonne foi de leurs lecteurs. On devait laisser ignorer aux habitants de la Métropole la véritable cause des troubles d'Alger !

Il est regrettable qu'on n'ait pas eu connaissance, en France, de la lettre de protestation, adressée par plusieurs Algériens au député Laisant, en réponse à son article.

En voici la teneur :

Comment ! nous avons eu beau crier de toutes les forces de nos consciences que ce n'était point au nom d'un dogme religieux ou même d'un principe politique que les dernières manifestations s'étaient faites ; qu'il

[1]. Nous serions désireux de savoir à quelle consigne obéissait M. Laisant en écrivant ces lignes, qui lui ont valu la haine de tous les Algériens et de beaucoup de Français ?

Nous remarquerons simplement au sujet de cette expression de « lâches » plusieurs fois répétée, qu'elle s'adresse surtout à ceux qui vendent leur plume ou trahissent leur pays.

ne fallait absolument y voir que l'expression d'une juste indignation des sentiments patriotiques de tous les bons Français, froissés, irrités des propos injurieux de toutes sortes, lancés, en toute occasion, contre la France, par ces Français *malgré eux*.

Et, malgré tout, et alors que tout semblait terminé depuis longtemps, Laisant vient affirmer tout le contraire.

Il serait peut-être intéressant et surtout peu difficile de rechercher d'où est parti le mot d'ordre et de qui émanent ces correspondances, beaucoup plus juives que particulières, qui s'étalent cyniquement dans les colonnes de certains journaux parisiens.

Et même, sans aller chercher bien loin, peut-être pourrait-on dans les bureaux de la *Vigie*, le journal des journaux, trouver de semblables correspondances ! A bon entendeur, salut !

Sans entrer dans le fond du débat sur la question juive, nous nous contentons aujourd'hui de protester énergiquement contre l'article de Laisant.

La bonne foi du député républicain et indépendant a été surprise (à moins qu'il n'ait été acheté), cela ne fait aucun doute, sans quoi il n'aurait parlé, ni de Saint-Barthélemy, ni de Vêpres Siciliennes.

Nous lui affirmons bien haut que la population française algérienne et libérale, généreuse, patriotique, est par-dessus tout affranchie de toute croyance religieuse.

Ces Français, libres-penseurs avant tout, ont à lutter de toutes leurs forces contre ces deux éléments qui se valent au fond, le cléricalisme de sacristie et le cléricalisme de synagogue.

Les embrigadés de l'une et l'autre secte sont aussi redoutables pour le progrès de la colonie.

Comment, les Français qui prennent leur mot d'ordre au Vatican, sont combattus par tous les libéraux de France, et les radicaux, les Français plutôt d'Algérie, seraient honnis, conspués, par la grande presse indépendante, pour avoir voulu protester avec indignation contre des Français de contrebande qui affichent à tout venant leur mépris pour la France ! Allons donc ! Si le citoyen Laisant eût habité six mois seulement en Algérie, au lieu d'écrire cet article basé sur des correspondances de mauvaise foi, il se fût indigné avec nous tous et eût été des premiers à protester et à réclamer la révision de cet acte de naturalisation en masse d'Israélites, qui, pour la totalité, n'ont, à notre contact, rien acquis, ni le sentiment, ni le patriotisme, ni la dignité de ceux qui sont sincèrement Français[1].

Voilà, citoyen Laisant, une protestation assez significative ! Tous les Français algériens vous répéteraient ce que vous ont écrit les protestaires.

Les troubles d'Alger sont le point de dé-

1. Cette lettre de protestation déposée dans les bureaux du *Radical algérien*, était approuvée, dès le lendemain, par plus de trois cents signataires français.

part de cette révolution sociale qui s'étendra non pas seulement à l'Algérie, mais à toute la France.

Arabes et Français d'Algérie se sont révoltés contre les Juifs; l'avenir nous apprendra ce que feront plus tard les Français de France!

V

TIRMAN, FIRBACH, KANOUI ET CIE

En naturalisant l'Israélite indigène, Crémieux a intrônisé le Juif, rien que le Juif, c'est-à-dire l'usure, la spoliation, la corruption, le monopole.

Grâce à la complicité de nos représentants, le Juif a appauvri l'Algérie par l'usure, et si une insurrection éclate, il saura vite quitter le pays et suivre son argent mis en sûreté depuis longtemps.

Que de peuples, ruinés par les sectateurs de Moïse, ont été obligés de se révolter pour éloigner d'eux cette terrible sangsue qui prenait toujours et ne rendait jamais !

Le capital tombé dans les mains juives est devenu une richesse de main-morte. Il disparait ou ne sert qu'à accroitre cette chair vive qui n'a ni vitalité, ni sentiments élevés, ni *patrie*; il gonfle ce monstrueux parasite qui se fait d'autant plus vorace qu'il a plus grandi.

Le Juif est aujourd'hui le coffre-fort du monde.

En France, il nous domine; en Algérie, il nous absorbe. Partout il règne et gouverne. La Russie, l'Allemagne, l'Autriche ont vu le danger et se sont efforcées de le conjurer. Les peuples se sont levés pour résister à l'ennemi commun, trop tard! L'anti-sémitisme frappe le faible, mais ne saurait atteindre le tout-puissant.

Si nous sommes unis, si nous avons conscience du danger qui nous menace, il est peut-être encore temps, en Algérie, d'extirper cet énorme polype, qui menace d'épuiser toute la sève de la colonie.

L'Arabe est aujourd'hui sucé jusqu'à la moëlle, et nous n'hésitons pas à imputer au

Juif, c'est-à-dire à l'usurier, la plupart des crimes commis par l'indigène, tant contre les personnes que contre la propriété.

La faim est mauvaise conseillère, et l'Arabe a faim. Il a faim, et lorsque notre devoir nous ordonne de le protéger, nous le livrons, pieds et poings liés, à ses spoliateurs, les Juifs, ses anciens esclaves, qu'il hait et qu'il méprise.

Les Anglais ont tué l'Indien par l'eau de feu, nous tuons l'Arabe par le Juif, sans nous apercevoir que le Juif, mis en appétit, pourrait bien nous dévorer à notre tour.

Voilà ce que ne veulent pas comprendre les hommes chargés de défendre nos intérêts en Algérie !

Tous les fonctionnaires, depuis le gouverneur général jusqu'au garde champêtre, doivent être les fidèles serviteurs des Juifs, et on avertit chacun, au moment de sa nomination, que de sa servilité dépendra son avancement.

Les véritables chefs de l'Algérie sont Kanoui à Oran et les Isaac à Constantine. Ils répondent fièrement à leurs coreligionnaires qui viennent leur porter des plaintes ou leur faire des réclamations : « Je donnerai des ordres en conséquence à Tirman ».

La presse algérienne (nous ne parlons pas de la presse vendue) divulgue souvent de monstrueuses exactions, commises par le Gouverneur général, de complicité avec les Juifs.

Pour ruiner plus rapidement les Arabes, on les accable d'impôts, afin de les obliger à emprunter aux Juifs, qui les dépouillent ainsi de leurs terres.

Dans la commune mixte de Guergour, les indigènes avaient à payer une somme de 60 000 francs sur l'impôt de guerre de 1871.

Le gouverneur général donna l'ordre de faire rentrer cet argent dans les caisses du Trésor. L'administrateur Chavel décida que, sans tenir compte des sommes précédemment versées, chaque famille indigène paierait proportionnellement à son revenu. Ce qui fut dit fut fait. Mais les indigènes qui s'étaient libérés antérieurement, refusèrent de payer une seconde fois.

L'administrateur, armé des fameux pouvoirs disciplinaires, votés par la Chambre pour une durée de six années, fit arrêter les *récalcitrants*, les fit *rouer de coups de bâton* et jeter en prison. Puis il distribua des condamnations à cinq jours de prison et quinze francs d'amende (indigénat).

Les Arabes ne sont pas seuls victimes de la partialité du Gouverneur général; ce puissant fonctionnaire est toujours heureux de donner aux Juifs de nouvelles preuves de son dévouement, et cela au préjudice des Français.

Nous recommandons à l'attention publique, le document ci-après, dont la saveur paraîtra d'autant plus âcre au gouverneur Tirman, qu'il jette une clarté étrange sur sa façon de gouverner l'Algérie.

Dans la commune de Barral, la répartition des terres fut faite par le sous-préfet Dunaigre, *ancien bourreau* de M. Carreja de Morris, *ancienne créature de l'em-*

*pire*¹, comme l'appellent les journaux indépendants de l'Algérie.

Cette répartition fut faite en violation des vœux de la municipalité et du conseiller général du canton, M. Quintenne. Adresses, protestations, délibérations, rien n'y fit. M. Dunaigre eut raison, Tirman l'approuva et la commune de Barral fut mise à l'index.

La municipalité ayant découvert que de nombreux lots de terre restaient encore au domaine, réclama, pour réparer les injustices commises, l'abandon à son profit de quatre cents hectares de roches domaniales qui coupent son communal en deux, et le suppriment en fait, si elles en sont détachées.

Les gros bonnets du gouvernement prennent la mouche à cette légitime revendication et font signer à Tirman huit pages d'amabilités dignes de la bureaucratie qui compose sa basse-cour². Bref, le factum conclut à peu près de cette façon :

« Nous cherchons cinquante millions éga-

1. Dunaigre, protégé de Kanoui, est actuellement préfet d'Oran.
2. La Chambre venait de refuser le crédit de 50 mil-

rés. Ce n'est donc pas au moment où notre esprit — creux quand il s'agit de procédure, immense quand il s'agit de dévorer — ne trouve plus rien, que nous allons vous donner des terres pour accueillir vos récriminations, au lieu de vous les vendre *pour recueillir votre argent.* »

Dans une réunion extraordinaire présidée par M. Merle, maire, à la date du 29 juin 1884, le conseil municipal de Barral protesta énergiquement contre la vente des dites terres.

Il dit : « Que les appréciations du gouverneur général, à l'égard des colons de Barral, étaient entachées de malveillance et de ressentiment;

» Que le gouverneur général, le préfet et le sous-préfet ont été *irrévérencieux* à l'égard de la population de Barral et du conseil municipal de la commune qui ont tous, individuellement et collectivement, pris part aux protestations contre la répartition dont il est chargé, lesquelles protestations ont eu

---

lions demandé par Tirman, dans le seul but d'exproprier les Arabes.

le grand tort d'agacer les nerfs de la haute administration, plus soucieuse de son repos et de sa tranquillité que de remplir laborieusement sa tâche ;

» Que cette attitude de la haute administration est œuvre essentiellement rétrograde et anti-colonisatrice ;

» Que la *haute administration* fait preuve d'une *haute ignorance*, en faisant remonter à 1857 la création de Barral, qui est effectivement de 1848, et souhaite, dans l'intérêt public, que la colonie soit à l'avenir gouvernée par des hommes un peu moins enclins à l'anachronisme et au *dolce farniente*. »

Le conseil municipal de Barral a fait œuvre, dans cette circonstance, de justicier algérien et a vengé magistralement les anciens centres du délaissement criminel auquel la haute administration les a condamnés.

Cette délibération, reproduite par les journaux indépendants de l'Algérie, avait une importance dont ne se rendent pas compte nos lecteurs de France. Nous les engageons à revoir dans *l'Algérie juive*, le chapitre relatif à la colonisation. Ils verront comment on devait procéder à la répartition des terres domaniales dans les centres créés par les Européens.

Le seul but de M. Tirman est de livrer entièrement l'Algérie aux Juifs, dans l'espoir sans doute d'une récompense; aussi ne recule-t-il devant rien lorsqu'il s'agit de satisfaire la cupidité de ses protégés!

Nos lecteurs n'ont pas oublié le projet Tirman-Waldeck-Kanoui, qui ne visait à rien moins qu'à l'expropriation pure et simple des Arabes au profit des Juifs.

Tirman fit le voyage de Paris pour appuyer le vote des cinquante millions demandés.

Les Juifs ne pouvaient dépouiller les Arabes sans allouer à chacun une faible indemnité. Or, si le gouverneur avait obtenu les cinquante millions demandés, la majeure partie aurait servi à alimenter la caisse des fonds secrets. Avec le reste, on aurait indemnisé les expropriés.

Ce calcul était très adroit, car, après avoir

ruiné les Arabes, on les aurait impitoyablement chassés d'Algérie[1]. Malheureusement la Chambre, ayant compris les conséquences de son vote, refusa le crédit demandé par M. Tirman.

On n'avait pas attendu la discussion du projet pour commencer les expropriations. Dans les départements d'Oran et de Constantine, on avait déjà exproprié 7,896 hectares, ayant une valeur de 477,164 francs.

Pour donner le change à ses administrés, Tirman avait besoin d'être fortement appuyé par la presse. Or c'était avec l'argent même des victimes qu'on payait les services de certains journalistes.

Nous nous plaignons, en France, des *fonds secrets*, nous protestons énergiquement contre cet entretien de certaines feuilles, qui, acceptant des dividendes mensuels du gou-

---

1. Les Arabes, sobres par nature, vivent tant bien que mal sur leurs terres. Une fois expropriés, ils laisseraient en un an ou deux, aux mains des Juifs, qui tiennent tous les cabarets et tous les mauvais lieux de la colonie, le mince pécule qui leur aurait été remis, et dont il leur serait absolument impossible de faire un emploi utile.

vernement, peuvent revendiquer le titre de *feuilles soumises ;* que dirions-nous alors si ce honteux trafic se pratiquait sur une aussi vaste échelle qu'en Algérie ?

Ecoutons ce que dit à cet égard le *Radical algérien :*

« Il y a en Algérie, des hommes notoirement néfastes qui ont trafiqué de leur honneur, qui ont trafiqué de la vie humaine, qui ont joué, après les épouvantables événement de 1871, des rôles qui auraient dû les faire disparaitre à jamais et qui, actuellement *soutenus par les fonds secrets du gouvernement,* tiennent le haut du pavé et se rendent chaque jour chez Tirman dont ils sont les porte-plumes officiels.

Qui ne connait à Paris la conduite de l'ancien administrateur provisoire du XX° arrondissement, celui qui a fourni tant de victimes à la vengeance de Versailles, — et que l'on appelait, en Calédonie, le *vendeur de chair humaine,* — que le sinistre bombardeur de Paris en était écœuré, comme le rappelait récemment notre confrère de l'*Intransigeant.*

« Voilà l'homme qui est aujourd'hui le Benjamin de Tirman et dirige sous le nom d'Arthur de Fonvielle le principal organe de ce gouverneur général, soudoyé, et à gros frais ; ce taré, ce flétri, cet ancien policier de la Semaine Sanglante, comme l'appelle notre vaillant confrère, est aujourd'hui le défenseur par lequel le gouvernement se fait soutenir. »

M. Arthur de Fonvielle n'a pas oublié son rôle de mouchard. Pendant les troubles d'Alger un jeune homme, indigné de sa conduite, s'est avancé et, le regardant bien en face, lui dit :

— Lâche canaille, tu mériterais que je te crache au visage !

Le rédacteur en chef de l'*Akhbar*, instinctivement, se retourna vers un agent de police, et, lui désignant le jeune homme :

— Arrêtez-le.

Pour bien dépeindre ce défenseur des Juifs, nous reproduisons un article de M. Lapeyre, du *Radical algérien*.

De concert avec son ami Allan, de la *Vigie algérienne*, de Fonvielle accusait le *Radical algérien* de détenir indûment 200 francs, provenant d'une souscription faite en faveur des mineurs d'Anzin. Nous croyons inutile de dire que tous les souscripteurs ont protesté énergiquement contre cette calomnie.

M. Lapeyre répondait:

» L'immonde qui étale dans l'*Akhbar* sa prose salariée, a « toute honte bue » et reprend son vomitoire — nous avons nommé le chevalier d'industrie qui répond au nom de de Fonvielle.

» Cet ignoble, dont l'existence tout entière a été une longue escroquerie, et qui a filouté jusqu'au nom qu'il porte, — ce joli monsieur nous appelle... escrocs !... Cette perle a frisé de près la Centrale de Poissy, avec les amis et complices, Clément Duvernois et Caperon, et le souvenir des souscriptions empochées et autres joyeusetés constantinoises n'est pas encore effacé !...

» Le mot lui plaît, il s'en pourlèche et le mâchonne, comme un ruminant fait de ses aliments.

« Le policier de la semaine sanglante, le

mouchard de 1871, écrabouillé, méprisé sous cette honte, a le cynisme — le stupide — de parler de « relations avec la basse police » ! Aurait-il plus de goût pour la haute?

» Pouah !!!!

» L'abject, et public et privé, si connu par sa boutique à lupanar et à pornographie, nous fait nager dans ses eaux et collaborer à la *Bavarde,* organe à son image et selon son cœur — vil cynique !

» Ce goujat, ce goinfre, qui fait ripaille de fonds secrets, s'empiffre des largesses des trafiquants et des rastels électoraux, nous appelle ivrogne... vieux farceur ! Le drôle, qui recule et fuit sous la menace du châtiment, comme un chien fouaillé, prend ses poses et grimace, mais ne se bat plus : — « Il a charge d'âmes ! » Il se fait ainsi ceinture et carapace de sûreté... C'est donc la houssine qu'il vous faut, misérable, pour vous rejeter au chenil ?

» On la prendra.

» Aussi bien, c'est le bâton qui convient à ce valet. Avec un drôle qui ne vit que d'expédients, de salaires honteux, vendant sa plume à qui la paie, avec ce pensionnaire des fonds secrets, aujourd'hui vendu aux insulteurs du nom français, c'est-à-dire aux Juifs, avec le mouchard, le vil gredin, organisant les souricières de 1871, livrant et faisant fusiller les vaincus... on ne se bat plus !

» On le bâtonne ! »

Cet article donne une idée du mépris qu'on professait pour ces individus, qui avaient servi de marchepied aux Juifs.

Malgré sa lâcheté, proverbiale en Algérie, Arthur de Fonvielle[1] dut, pour ne pas être renié, envoyer ses témoins à l'auteur de l'article. Le rédacteur de l'*Akhbar*, qui ne connaissait pas encore le *coup* du Juif dans un duel, fut blessé par son adversaire.

Le procès-verbal de la rencontre se termi-

---

1. Depuis cette époque, Arthur de Fonvielle a refusé de répondre aux nombreuses provocations que lui ont adressées certains Français d'Algérie.

Tout récemment, M. Voinot, capitaine des pompiers à Alger, ayant donné à ce drôle la leçon qu'il méritait, a été poursuivi correctionnellement pour coups et blessures sur la personne du directeur de l'*Akhbar*.

nait par ces mots, relatifs aux deux adversaires : « lesquels se sont touché la main. »

M. Lapeyre écrivait à ce sujet :

« Pour faire cesser l'équivoque qu'ils pourraient faire naître, je dois à nos amis politiques de dire qu'en cédant sur ce point, à la demande et à l'insistance des témoins, c'est tout simplement à un *adversaire blessé*, ainsi que je l'ai déclaré sur le terrain, que j'ai touché la main, tout en conservant entiers, après comme avant la rencontre, mon sentiment et mes appréciations sur l'homme politique et ses actes. »

M. Lapeyre tenait à se mettre en garde contre la bassesse de son adversaire, qui serait encore venu ramper auprès de celui qui l'avait si nettement dépeint. Il voulait que les Algériens restassent bien convaincus, ainsi qu'il l'avait écrit, que de Fonvielle appartenait à cette catégorie d'individus tarés qui, mis à l'index par les honnêtes gens, ne vivent que d'exploits. Il voulait qu'on sache dans quelle classe de la société Tirman choisissait ses valets.

Quant à Allan, dit Allaman, nous avons déjà expliqué ce qu'était cet ignoble polisson dont la population entière d'Alger avait fait justice lors des troubles. Exécuté, souffleté, bâtonné aux applaudissements de tous, il n'avait plus le droit de parler.

La calomnie est sa seule arme, mais lorsque le *Radical algérien* lui parle de ses vols à la douane, de ses petites opérations de détournement de lettres intimes et de chantage envers l'une de ses victimes, M. H. Legoff, et nombre d'autres habiletés du même calibre, il brille par son silence. Aux attaques d'Allan, M. Lapeyre s'était borné à répondre : « Nous continuerons à laisser l'honnête, l'intègre directeur de la *Vigie algérienne* s'emballer jusqu'au jour où nous pourrons le rencontrer sur cette voie publique où il n'ose plus *circuler*, par crainte sans doute de recevoir quelque part un de ces coups de botte, qu'il accepte sans murmurer. »

A côté de ces deux publicistes, qui sont une honte pour la corporation, nous placerons le directeur gérant du *Petit Algérien*, Waille

Marial, à qui ses confrères ont donné le titre de « de la Chicanette ». Son nom indique suffisamment son origine pour que nous n'ayons pas besoin d'insister sur le rôle qu'il joue, tant vis-à-vis de ses coreligionnaires qu'auprès des autorités. Ce Juif qui voit l'animosité qui existe entre les Français et son ignoble race, ne cesse de répéter que la ligue des Algériens contre les usuriers n'aboutira jamais qu'à une agitation factice.

Peut-être — mais une agitation même factice, si l'on n'avait à déplorer et à réprouver certains actes de violence, est quelquefois salutaire, ne serait-ce qu'à rabaisser la morgue insolente de nos nouveaux *compatriotes!*

La *Gazette de l'Algérie* est également un puissant organe pour les Juifs. Son directeur, Henri Tubiana, écrivait en 1884 : « Si vous chassez les Israélites d'Alger, vous chassez la vie de la ville. Alger deviendrait une ville morte. *N'oublions pas que partout où il y a des Israélites les villes sont prospères.* Soyons un peu tolérants que diable ! » Ce simple passage montre ce qu'est le journal.

Il y aurait toutefois un rapprochement curieux à faire, ce serait de publier simplement la nomenclature de toutes les *faillites*, prononcées depuis quelques années par les tribunaux de commerce de l'Algérie.

Parmi les autres journaux juifs de notre colonie, nous citerons la *Solidarité*, la *Dépêche*, le *Moniteur de l'Algérie*, le *Fanal* d'Oran, organe de Kanoui, l'*Indépendant* de Constantine, organe de la famille Isaac.

Le but de toutes ces feuilles est de soutenir les hauts fonctionnaires dont la tâche consiste à favoriser l'exploitation des Juifs. Aux diverses attaques des journaux indépendants, ils répondent par un démenti, afin de laisser planer un certain doute dans l'esprit de leurs lecteurs.

Nous demandons à ces derniers de ne plus être les dupes des complices de nos ennemis, ils doivent comprendre qu'à des faits précis il faut opposer autre chose qu'une simple négation.

Relativement aux virements Firbach, par exemple, dont on s'est beaucoup occupé, les journaux juifs ont généralement gardé un silence prudent.

M. Aaron Firbach, préfet d'Alger, dans le but d'augmenter ses fonds secrets, refusait de payer plusieurs auxiliaires qui avaient travaillé pendant dix mois dans ses bureaux.

A la même époque, divers correspondants posaient aux autorités quelques questions embarrassantes, au sujet de certains fonds dont MM. Tirman ou Firbach étaient détenteurs :

Que sont devenus les quinze cent mille francs alloués aux instituteurs de l'Algérie, par le ministre de l'instruction publique ?

Ont-ils été versés dans les caisses municipales ? Ont-ils été détournés de leur destination pour être employés d'une manière plus utile ? Ou bien ont-ils été perdus ?

Par suite du silence opposé par les journaux juifs à ces questions précises, le *Radical algérien* a, sous le titre *Virements Firbach*, renouvelé dans plusieurs numéros la demande des intéressés :

1° « Quand le Janvier de la Motte d'Algérie, autrement dit le préfet Aaron Firbach se décidera-t-il à ordonnancer les quelques centaines de francs qui sont dus depuis de long mois à de malheureux auxiliaires et qui ont fait l'objet de *Virements* en faveur des privilégiés *circoncis* et autres ? »

2° « Annonçons à Aaron que si Tirman, comme on nous l'affirme, approuve les *virements* du préfet d'Alger, les auxiliaires qui tirent la langue depuis de longs mois après leur traitement passeront par-dessus la tête de M. le Gouverneur civil de toutes les Algéries.

» Nous verrons un peu, si un préfet, s'appelât-il Aaron, s'obstinera, s'entêtera à ne pas payer ses dettes.

» Ses procédés insensés vont être connus en haut lieu, n'en déplaise à toutes les autorités algériennes.

» Que le préfet fasse des rapports calomnieux ou autres, pour se disculper de ses complaisances administratives ; en haut lieu, on les prisera comme ils le méritent ; on les mettra au cabinet et l'on débarrassera Alger de sa néfaste présence. »

3° « Vous danserez, Aaron, mon bon zami,

pas comme à vos débuts, quand vous faisiez le joli cœur dans les salons de Compiègne, pour faire nommer Votre Nullité sous-préfet.

» Aujourd'hui, vous danserez, mais dans le vulgaire prétoire d'un juge de paix, — et vous serez condamné aux frais, et aux dépens encore !

» Aaron, vous danserez. »

Si vos salariés n'ont pas répondu, Firbach, c'est que cette fois il était difficile de nier. Vous n'aimez pas ces vérités brutales auxquelles vous ne pouvez riposter sans craindre que vos adversaires ne jettent sur certains faits une lumière trop éblouissante.

Si vous aviez été franc, Aaron, vous vous seriez écrié : « Il y a tant de Schloumo, de Moïse et autres Abraham à satisfaire à la Préfecture ! Faisons donc des virements ! »

C'est du reste là, toute votre capacité administrative.

Si, ainsi que le disait récemment M. Marteau, dans la *Dépêche*, la misère est grande à Alger, la faute en est à MM. Tirman et Firbach.

10.

Au lieu de signaler le mal, M. Marteau ferait mieux d'indiquer le remède. Il doit savoir que tous ces mendiants affamés que l'on rencontre en Algérie, ont été attirés là par les publications mensongères du gouverneur. Quelques-uns de nos lecteurs ont pu voir les communiqués officieux publiés, par ordre de M. Tirman, dans le *Petit Journal* et le *Bulletin des renseignements commerciaux*; il s'agit de grands chantiers en exploitation ou en adjudication dans les trois départements. Rien n'est négligé dans cette nomenclature de travaux problématiques; les salaires des ouvriers y sont fixés au taux le plus fantaisiste et le plus alléchant.

Comment refuser les offres de l'entrepreneur Tirman qui promet des journées de 8 à 9 francs ? Les travailleurs sans travail sont accourus de tous les points de la Métropole, confiants dans les promesses du gouverneur.

Il y avait bien un certain nombre de chantiers d'ouverts, mais ils étaient déjà insuffisants pour absorber la main-d'œuvre locale inoccupée. Aussi, la plupart des ouvriers venus de France, leurrés par les réclames du gouvernement général, sont repartis d'Algérie promptement désabusés ; ceux qui sont restés, victimes du chômage et de la misère, victimes surtout de M. Tirman, sont devenus les soldats de l'*armée roulante*.

En voulant faire croire qu'il y avait de grands travaux à exécuter en Algérie, en voulant faire preuve d'activité administrative, M. Tirman comptait redorer sa popularité quelque peu ternie depuis le marché Fontana. Il s'est fourvoyé, car non seulement il n'a pu faire valoir ses services exceptionnels, mais encore il a contribué à augmenter la misère.

Cette constatation de M. Marteau a mis en lumière une sottise de plus — ou une rouerie — dont M. Tirman est l'auteur.

Vous riez, Kanoui, vous riez aussi, Isaac, en lisant ces lignes, mais vous riez jaune. Vous êtes heureux de nous voir constater le degré de votre puissance, puisqu'on n'agit que par vos ordres, mais vous ne devez pas ignorer quel sera l'effet de cette constation.

Les Algériens d'abord, les Français ensuite, vous prouveront bientôt qu'ils ne sont pas des pantins qu'on fait danser avec un brin de fil.

Vous essayez, vils drôles, de faire croire aux Français de la Métropole que vous êtes dévoués au gouvernement de la République, alors que, dans vos moindres actes, vous nous donnez la preuve du contraire. Vous en êtes arrivé à défendre à vos coreligionnaires de pavoiser ou d'illuminer pour la fête nationale.

Le *Charivari oranais* racontait à cet égard, sous forme humouristique, mais vraie :

« Les Juifs n'ont ni pavoisé, ni illuminé.

» Parbleu ! Ça coûte beaucoup et ça rapporte si peu !

» Ah ! S'il eût été question de construire une synagogue ou de célébrer une fête hébraïque, alors !...

» Mais la fête nationale ?

» Quisqui c'est M'sio ? J'y counis pas di fite

qui li fite di nos ôtres. Li Franci y ziti maboles, nos sont pas franci por fire li fite di la France.

» Citi bon por riciboir di bons di pain et di viande kachir, mi por fire di drapeaux et des aluminations, quisqui ci ça ?

» M'sio Crémio y pouis Kénoui y dire rien do to por ça. »

Le *Charivari* dépeint exactement le caractère de ces youddis francisés, pour qui Kanoui est presque un dieu.

Kanoui, dont nous avons assez longuement parlé dans l'*Algérie juive*, est aussi lâche qu'il est puissant.

Incapable de se défendre contre le plus faible adversaire, il remercierait au besoin celui qui lui cracherait au visage. Mais il devient terrible lorsqu'il peut amener son adversaire sur les bancs de la police correctionnelle.

Il y a moins d'une année, un journaliste d'Oran, nommé Djian, avait, par lettre, fait des menaces de mort à Kanoui, en réponse à un article paru dans l'*Oranais véritable*.

Trop lâche pour envoyer ses témoins, le grand électeur poursuivit M. Djian devant le tribunal correctionnel d'Oran, et le fit condamner à six jours de prison.

M. Djian ayant fait appel de ce jugement, l'affaire vint devant la cour d'Alger, dans le mois de février dernier.

M° Chéronnet, avocat de Kanoui, après avoir paré son client de toutes les vertus, a beaucoup parlé de lettres écrites à ce dernier par certains Ministres, de son influence universelle, et a conclu en appelant sur M. Djian toute la sévérité de la Cour.

C'est bien là le procédé des Juifs : abuser de leur influence auprès des magistrats.

M° Tacconis, défenseur de M. Djian, a donné à Kanoui, qui passe pour très intelligent en affaires commerciales, la leçon de dignité qu'il méritait et dont il ne profitera pas. Nous citons à cet égard, les paroles de l'honorable avocat : « En soutenant ici qu'il est complètement étranger à la rédaction et au tirage du journal l'*Oranais véritable*, alors que M. Perrier vient affirmer à deux reprises différentes, et sous sa signature légalisée, qu'il en est le bailleur de fonds, que deux autres Européens très honorables affirment également le fait, Kanoui, *président du consistoire israélite d'Oran, chevalier de la Légion d'honneur*, EN A MENTI IMPUDEMMENT ! » (Sensation et silence profond).

» Kanoui, a ajouté le défenseur, appelle cette affaire son *procès*, alors qu'il eût été bienséant à lui de laisser la justice suivre son cours, sans intervenir dans ce débat auquel il enlève tout caractère sérieux par l'intromission véritablement grotesque de ses ressentiments personnels et la platitude de ses rancunes portées à la barre.

» Menace de mort ! Y avait-il possibilité d'exécution ? Au reçu même de la lettre, Kanoui *s'est verrouillé, cadenassé, et il se serait rendu impalpable s'il l'avait pu*. Si l'on devait mesurer les dommages-intérêts demandés aux terreurs de Kanoui, il faudrait condamner Djian à plusieurs centaines de mille francs ; si l'on devait également proportionner la pénalité aux transes du président du consistoire, il faudrait le condamner aux travaux forcés à perpétuité. »

Malgré le réquisitoire du ministère public, tout en faveur de Kanoui, la Cour écarta les six jours de prison infligés à M. Djian par les premiers juges.

Kanoui digéra difficilement cet arrêt. Il aurait voulu pouvoir révoquer immédiatement tous ces conseillers, qui ne s'étaient pas pliés à ses ordres. Malheureusement il est des exigences, devant lesquelles un gouvernement, même fort compromis, doit reculer.

Lorsqu'une accusation est portée contre un Juif, Kanoui est immédiatement chargé de faire les démarches nécessaires pour étouffer l'affaire. Le président du consistoire se préoccupe peu de la gravité du crime ou du délit ; il ne voit qu'une chose : l'obéissance passive de tous les fonctionnaires français.

Deux négociants juifs d'Oran, les frères Touboul, achetaient à vil prix à des Espagnols de fausses pièces de monnaie, qu'ils passaient ensuite aux clients qui, pour payer leurs acquisitions, étaient obligés de changer de l'or ou des billets.

Ils exerçaient ce commerce depuis un certain temps déjà, lorsqu'une plainte fut portée au parquet par une de leurs victimes.

Une perquisition faite chez les frères Touboul amena la découverte d'une quantité considérable de fausse monnaie.

Kanoui fit de nombreuses démarches pour empêcher les poursuites. Il se rendit plusieurs fois près du procureur général à Alger, il écrivit au ministre de la justice, mais cela sans résultat. En dernier lieu, il chercha à influencer les jurés, et demanda à certaines personnes de venir déposer en faveur des accusés.

Dans l'*Algérie juive*, nous avions cité parmi les Juifs, M. Hentschell, président du tribunal de commerce d'Oran. Nous savions cependant qu'il n'était pas Juif d'origine, mais il avait joué un tel rôle dans l'affaire des frères Touboul, que nous avons cru devoir l'en blâmer publiquement.

Pourquoi M. Hentschell a-t-il fait signer

par tous les juges du tribunal de commerce un certificat attestant l'honorabilité des frères Touboul ?

Pourquoi, dans sa déposition devant la cour d'assises, a-t-il proclamé l'honorabilité de gens qu'il savait méprisables ?

Ce sont là des compromissions dont un Français indépendant ne doit jamais se rendre coupable !

Aux deux lettres de protestation que nous avons reçues de M. Hentschell, président du tribunal de commerce, et de son neveu, nous ne pouvons que répondre : « il n'appartient qu'à vous de rompre avec les Juifs, et de rentrer franchement dans notre camp. »

La transition sera du reste très facile, si nous nous en rapportons à cette fin de phrase, toute en son honneur du reste, relevée dans la lettre de M. Hentschell jeune : « *A mes yeux comme aux vôtres, le mot « Juif » est l'insulte suprême.* »

Sur la demande de Kanoui [1], M. Devès,

1. Jules Ferry, alors président du conseil, était intervenu directement près de Devès pour le décider à se rendre au désir de Kanoui.

sénateur, vint défendre les frères Touboul qui, malgré son *influente* plaidoirie, furent condamnés aux travaux forcés.

A côté de Kanoui, un autre Juif a porté un grave préjudice aux commerçants français d'Oran. Witersheim, ancien directeur de la Banque d'Algérie à Oran, ouvrait des crédits illimités à ses coreligionnaires, alors qu'il n'acceptait que rarement les valeurs des négociants français.

Ceux-ci, ne pouvant, faute de crédit, faire face à leurs échéances, étaient forcés, pour se procurer l'argent nécessaire, de s'adresser aux usuriers juifs qui exigeaient des marchandises en garantie.

Il est fort peu d'Algériens qui n'aient eu à se plaindre de ce vil individu qui profitait de sa situation pour ruiner nos nationaux.

Grâce aux nombreux services rendus aux Juifs, son avancement a été très rapide. Nommé d'abord sous-directeur du Crédit foncier et agricole d'Algérie, à Alger, Witersheim en est aujourd'hui le directeur.

Son successeur à Oran, Caménich, Juif

également, marche sur ses traces. On en dit même encore plus de mal que de Witersheim. Certains faits assez graves sont parvenus à notre connaissance, mais les négociants qui en ont été victimes nous ont prié de ne pas les rapporter dans la crainte de représailles.

Les Isaac sont à Constantine ce que Kanoui est à Oran. Ces Juifs sont à la fois banquiers et marchands de nouveautés, mais ils font surtout le commerce de l'argent. L'un d'eux est marié avec une Juive parisienne, qui dirige actuellement la maison. C'est elle qui reçoit les fonctionnaires du département, et leur dicte ce qu'ils ont à faire.

Au moment des élections, c'est chez elle qu'on va prendre le mot d'ordre.

Cherchant à imiter, à Constantine, les dames Rothschild de Paris, elle est fière et hautaine, et ne veut pas laisser ignorer qu'elle est très puissante.

Lors des élections de 1885, c'est Mme Isaac, de concert avec Thomson, qui a songé à faire le trafic des votes dont nous parlerons plus loin.

Mme Isaac ne néglige pas cependant les questions d'intérêt. Elle s'entend généralement avec les administrateurs pour spolier les Arabes.

Au reçu de la commande de ces fonctionnaires, elle vend les burnous [1] le double et le triple de leur valeur à nos malheureux indigènes qui sont contraints de payer, et en compensation, elle livre à ses complices l'uniforme (nous allions dire la livrée) pour la moitié ou le tiers de sa valeur.

Isaac a malheureusement un concurrent qui lui dispute le titre de Grand Électeur, c'est Uhry, le conseiller général. Entre ce dernier et la famille Isaac, il existe une certaine inimitié, qui disparaît toujours, dès que la question juive est soulevée.

Parmi les autres Juifs influents, nous citerons Samuel Aaron, bijoutier, qui, après s'être enrichi par les procédés juifs, songe à

---

[1]. Les administrateurs font fréquemment des commandes assez importantes de burnous pour leurs douars. Ils prélèvent alors un bénéfice et n'hésitent jamais à faire l'application de l'*indigénat* aux Arabes récalcitrants pour payer.

prendre la place des Isaac. Il prétend avoir suffisamment dépouillé les Français et les Arabes pour aspirer au titre de Grand Électeur du département.

Nous prenons un exemple entre mille :

Au mois de mars 1884, une dame dont nous taisons le nom, se trouvant momentanément gênée, lui donnait à nettoyer la montre en or de son mari, et priait le Juif de lui avancer 50 francs pour quelques jours, considérant la garantie comme suffisante. Pour avancer cette somme, Aaron exigea la chaîne et la montre, valant au moins trois ou quatre cents francs. La dame, ne prévoyant pas les intentions du Juif, lui laissa les bijoux en garantie. Depuis cette époque, elle n'a jamais pu les retirer, contre remboursement de la somme avancée et des intérêts.

Nos lecteurs ne doivent pas être étonnés qu'en employant de tels procédés, cet individu se soit rapidement enrichi.

La fortune ne suffisant pas aux Juifs, ils aspirent maintenant aux honneurs.

Ils se croient tellement au-dessus des

Français qu'ils voudraient tous porter un signe de distinction.

Un exemple assez récent montrera jusqu'où peut les conduire leur ambition.

Un jeune youddi, Elie Léopold [1], très connu à Alger par les démarches ridicules qu'il a faites pour obtenir les palmes académiques, n'ayant pu obtenir cette récompense qu'il méritait si peu, a voulu se payer lui-même une petite compensation.

Ayant fait son année de service au 2ᵉ zouaves comme simple soldat de deuxième classe et trouvant le métier aussi dur que le lit de camp de la salle de police, il s'octroya pour sa première période de réserve, faite à Alger au mois de mars dernier, une superbe paire de galons de caporal.

Un petit *ajout* sur le livret et le tour était joué. Pendant 28 jours, le glorieux caporal a, de sa plus belle voix, commandé des *tête droite*, *tête gauche*, et pour affirmer encore

---

1. Elie avait essayé de devenir chroniqueur, mais son incapacité l'avait fait chasser de tous les journaux.
Il se flattait d'avoir tué la nuit un gros chien enragé, espérant obtenir une décoration.

plus son grade, il a infligé à quelques copains les punitions dont il disposait.

Tout eût été pour le mieux si certains camarades de son régiment n'eussent émis des doutes sur l'authenticité de son grade.

Vérification faite, le faux fut constaté.

Bien que sous le coup de quatre chefs d'accusation (usurpations de titres, de fonctions, faux en écriture, et vol à l'Etat), le Consistoire a tout fait pour empêcher les poursuites contre le réserviste.

Dans sa séance du 20 mai 1887, le 1er Conseil de guerre, siégant à Alger, a condamné Elie à 6 mois de prison. Cette leçon donnée à cet *israélite de bonne famille*, ne suffira pas à servir d'exemple à ceux qui voudraient le suivre dans cette voie, pour porter des insignes qu'ils ne sauraient se procurer autrement.

Les Juifs, furieux de cette condamnation, ont insisté auprès des grands électeurs pour que désormais la justice française n'ait plus le droit de sévir contre eux.

Nous considérons aujourd'hui comme un

devoir d'exercer une surveillance active sur les menées des Juifs, qui, pour réaliser leur rêve, emploieront des moyens détournés.

Ayant échoué dans leur demande d'un crédit de cinquante millions, ils viennent de tramer un nouveau plan pour ruiner les Arabes. Tout récemment, M. Tirman a été envoyé en France par les Kanoui, Isaac et Cⁱᵉ, pour obtenir du gouvernement la séparation de l'Algérie au point de vue budgétaire

Le gouverneur de l'Algérie, accompagné de certains représentants de cette colonie, s'est rendu près de M. Rouvier, alors président du Conseil, et lui a soumis quelques modifications.

Dans l'état de chose subsistant jusqu'à ce jour, toutes les recettes provenant de l'Algérie sont versées dans le trésor français, et la métropole, de son côté, paie toutes les dépenses de la colonie.

Tirman et les représentants de l'Algérie proposent de lui laisser dorénavant le produit de tous les impôts qui y sont perçus. La colonie subviendrait en retour à toutes ses dépenses, sauf celles qui sont relatives à l'entretien de l'armée et aux garanties d'intérêt des chemins de fer.

L'Algérie, a ajouté le missionnaire, coûte tous les ans plusieurs millions à la France, tandis que, si nous touchions directement les impôts, nous couvririons largement nos dépenses.

Ce que vous avez oublié de dire, M. Tirman, c'est par qui seraient payés ces impôts.

Nous allons essayer de combler cette lacune.

Les colons étant pour la plupart dans l'impossibilité de cultiver fructueusement leurs terres, vous ne pouvez songer à augmenter leurs charges, déjà trop lourdes, parce qu'ils protesteraient et que leurs voix ne resteraient pas sans écho. C'est donc sur les Arabes que vous comptez pour combler le déficit. Pour les obliger à payer des sommes indues, vous les feriez exproprier, et vous atteindriez ainsi le but que vous vous proposiez en demandant autrefois un crédit de cinquante millions.

Mais vous oubliez sans doute qu'il y a en Algérie une presse indépendante ; vous oubliez qu'il est des Français qui se sont fait les défenseurs des Arabes.

Sachez bien que la Chambre, avertie à temps, ne consentira jamais à vous livrer des hommes qui ont versé leur sang pour la France.

Pour que Kanoui vous ait obligé à faire une telle demande, il faut que la rapacité des Juifs d'Algérie ne connaisse plus de bornes.

En France, l'enlisement par le Judaïsme a été méthodique, progressif, presque timide. C'était un enlisement. En Algérie, c'est un engloutissement.

En France, Shylock est un homme du monde, âpre mais déguisé, rapace mais poli dans ses exécutions. En Algérie, c'est le forban féroce, brutal, insolent et bravache. L'un opère par persuasion, l'autre par violence.

Au demeurant, le résultat est le même.

Le voleur de grands chemins dit : « la

bourse ou la vie ! » le Juif dit : « la bourse et la vie ! » car après avoir ruiné par l'usure spoliatrice, il tue par la misère et le désespoir.

VI

RÉVOCATION D'UN MAGISTRAT

Nous avons fréquemment parlé, dans l'*Algérie Juive*, du rôle imposé aux fonctionnaires français par le grand électeur; nous allons citer un exemple à l'appui de ce que nous avons avancé, et faire connaître les procédés employés par les circoncis et leurs salariés pour se débarrasser de ceux qui les gênent.

De tous les fonctionnaires, le magistrat est certainement celui qui est appelé à rendre les plus grands services aux Juifs, aussi avons-nous choisi la biographie d'un jeune magistrat anti-juif!

Au mois de juin 1883, X. fut nommé suppléant rétribué du juge de paix de Bordj-bou-Arreridj, arrondissement de Sétif, aux appointements de 2 080 francs par an.

Bordj-bou-Arreridj[1] est un des cantons les plus grands et les plus peuplés de l'Algérie. Son étendue est de beaucoup supérieure à celle de nos plus grands départements de France, et il compte environ 200 000 habitants.

Au moment de la nomination de X., M. Orsini[2] était titulaire de la justice de paix. Ce magistrat était tellement méprisé de tous ses justiciables, que ceux-ci firent une véritable ovation au nouveau suppléant. On ne savait ni qui il était ni d'où il venait, mais chacun avait la conviction qu'il ne pouvait être aussi injuste et autoritaire que le *sale Corse*.

Le soir même de son arrivée, X. apprenait par son chef hiérarchique qu'il allait se trouver seul pour assurer le service. M. Orsini

---

1. Dans le canton de Bordj-bou-Arreridj, on compte deux administrateurs (B.-bou-Arreridj et Bibans), vingt-quatre cheicks et quatre cadis.
2. Les fonctionnaires corses, très nombreux en Algérie, sont généralement autoritaires et dévoués aux Juifs.

se sentant très fatigué, et pressé sans doute de rentrer en France, avait déjà demandé un congé.

Le nouveau suppléant fut avisé, lors de sa prestation de serment à Sétif, par le substitut Ravisy, chargé provisoirement des fonctions de procureur, que, la justice de paix étant très chargée, il y avait trop de travail pour un seul magistrat, mais on lui promit, sur une simple demande, de lui envoyer un auxiliaire.

Dès son retour de Sétif, X. prit possession de son poste et M. Orsini partit en congé sans donner à son collègue les moindres indications sur le service. Il songea seulement à lui recommander son chaouch, le *Juif Torchon*, en l'engageant à l'employer très souvent comme interprète, en lui allouant chaque fois une ou plusieurs vacations.

Il est bon de dire quelques mots sur la compétence des juges de paix en Algérie. Civilement, ils sont compétents en premier ressort jusqu'à mille francs, en dernier ressort, jusqu'à cinq cents francs; ils sont juges pour les référés; ils peuvent signer des saisies-arrêts pour des sommes indéterminées. Criminellement, ils ont droit de lancer des mandats d'amener, des mandats d'arrêt et des mandats de dépôt; ils sont chargés des affaires criminelles et ils envoient le dossier complet à la chambre des mises en accusation par l'intermédiaire du parquet de l'arrondissement ; enfin, ils peuvent, dans certains cas, juger correctionnellement [1].

Dans les villes où il y a un tribunal, la compétence des juges de paix est la même qu'en France.

Ceci dit, revenons à notre jeune magistrat et suivons-le pas à pas dans ses nouvelles attributions.

Le chaouch *Torchon* et son ami le commis-greffier Appietto avaient été chargés par Orsini d'exercer une surveillance active sur X. et de lui dicter la marche à suivre.

Malheureusement, on avait compté sans la fermeté du nouveau suppléant. S'étant aperçu

[1]. Lorsque la peine édictée par l'article dont ils font l'application ne dépasse pas 6 mois de prison.

du rôle qu'on voulait lui imposer, il fit sentir à chacun de ses subordonnés qu'en l'absence du titulaire il entendait rester seul maître.

Lors de sa nomination, X. ne connaissait pas l'Algérie. Comme la plupart des Français il ignorait le rôle joué par les Juifs dans notre colonie africaine; il savait que, parmi leurs coreligionnaires de France, un grand nombre exerçaient ouvertement le métier d'usurier, mais il ne supposait pas que ces despotes étaient aussi puissants. Il ne devait pas tarder cependant à sentir l'effet de leur influence.

Dans une justice de paix déjà trop chargée pour deux magistrats, X., dès son début, se trouvait seul pour assurer le service. Outre les nombreuses affaires courantes, il devait s'occuper de celles qu'avait laissées de côté le titulaire [1]. Enfin, la justice de paix se trouvait à ce moment sans interprète, l'ancien étant souffrant et le nouveau, Sagnes, ne se pres-

---

1. Orsini avait complètement négligé des affaires remontant à plusieurs mois, pour ne pas se transporter dans des douars, distants de 100 à 150 kilomètres.

sant pas de prendre possession de son poste.

X. avait reçu l'ordre de se faire assister provisoirement par son chaouch, le Juif Torchon; malheureusement, ce digne descendant d'Israël, qui ne savait ni lire ni écrire, ne pouvait être employé que pour les instructions verbales.

Pour les rapports écrits des cheicks et les autres pièces à traduire, X. devait demander le concours de personnes non assermentées.

Le jeune magistrat, ne pouvant continuer son travail dans de semblables conditions, adressait quotidiennement lettres et dépêches au parquet de Sétif pour demander un interprète auxiliaire en attendant l'arrivée de M. Sagnes. M. Ravisy craignait-il, en satisfaisant à cette légitime demande, de contrarier le Juif Torchon qui n'aurait pu par suite réaliser ses petits bénéfices? C'est là une question à laquelle il ne nous appartient pas de répondre.

Après quinze jours d'attente, le substitut arrivait enfin à Bordj-bou-Arreridj, amenant avec lui M. Déjouani, interprète au tribunal de Sétif, et le jeune Arabe Ali ben Mohamed, qui allait être chargé de faire l'intérim auprès du nouveau suppléant.

On avait toutefois recommandé à X. d'employer Torchon le plus souvent possible, ses émoluments, disait-on, étant insuffisants.

X. ne tardait pas à s'apercevoir des procédés employés par son chaouch pour dépouiller les justiciables.

Chaque jour des centaines d'Arabes attendaient à la porte de la justice de paix, soit porteurs d'un rapport du cheick, soit munis d'une lettre écrite par les agents d'affaires Pagès, Moreau et autres; le chaouch les inspectait minutieusement, et avec ses yeux de lynx il reconnaissait bien vite ceux qui étaient en mesure de payer ses services. Il leur disait alors:

— Je puis te faire parler au juge immédiatement si...

Ce petit manège lui réussissait assez bien et quelques indiscrets prétendaient même qu'il faisait d'assez bonnes recettes.

Lorsque le juge lui demandait pourquoi

il faisait rentrer les premiers ceux qui étaient arrivés les derniers, Torchon inventait toujours un motif. Tout s'use cependant et X. ne tarda pas à découvrir le truc du Juif.

Devant l'impossibilité où il se trouvait de constater le flagrant délit, il dut se borner à empêcher cet abus. Pour cela, X. faisait inscrire, chacun à son rang, les Arabes qui avaient à lui parler [1].

Torchon fut tout surpris de voir qu'un magistrat français ne se prêtait pas aux tripotages juifs; aussi n'hésita-t-il pas à signaler le fait à ses coreligionnaires les plus influents.

Le chaouch ne se découragea pas; il avait à son arc, pensait-il, d'autres cordes que le juge ne connaissait pas.

Puisqu'il était employé de temps à autre comme interprète, ne pourrait-il pas, outre ses vacations, se faire payer certains services?

---

[1]. Nous insistons sur ce point, pour bien établir les causes d'inimitié de Torchon pour le jeune magistrat. C'est en effet sur la demande du chaouch que certains personnages ont préparé la révocation de X.

Il lui serait si facile de tromper la bonne foi d'un magistrat qui ne comprenait pas la langue arabe.

Mais X. avait une confiance fort limitée en son chaouch; sachant ce dont il était capable, il avait dû refuser son concours dans toutes les affaires criminelles.

Torchon, furieux d'avoir été aussi vite démasqué par son chef, devait se borner à attendre le jour de la vengeance. Il savait du reste que le juge Orsini allait bientôt revenir, et alors il reprendrait son ancien rôle. Ne pouvant plus *momentanément* tromper les Arabes, il les frappait brutalement, sûr que ceux-ci n'oseraient pas se défendre, sous les yeux des autorités.

Malgré tous les obstacles qu'il rencontra dans ses nouvelles fonctions, X. ne se découragea pas. Un mois après son installation, il avait terminé tous les dossiers, tant des affaires nouvelles que de celles laissées en retard par M. Orsini et il les adressait au parquet de Sétif.

Étonné de cette vigilance, le substitut

Ravisy fit venir à Sétif le jeune magistrat et lui adressa des éloges bien mérités. Il ajouta même qu'en continuant ainsi jusqu'à l'arrivée du titulaire son avancement ne se ferait pas attendre.

Lors de cette entrevue, M. Ravisy ignorait encore la conduite de son subordonné vis-à-vis des Juifs. Il ne supposait pas qu'un homme intelligent pût ne pas comprendre qu'il fallait compter avec leur protection pour arriver à un poste élevé dans la magistrature ! Tout fonctionnaire débarquant en Algérie devait en effet savoir que sa situation était subordonnée à sa complicité avec les descendants d'Israël.

Si les circoncis algériens avaient à se plaindre de la probité du nouveau suppléant, les Français étaient, au contraire, heureux de trouver *enfin* un homme qui ne se prêtait pas aux compromis de nos exploiteurs. Quelques-uns prévoyaient les conséquences de cette loyauté pour X., mais on ne pouvait supposer quel genre d'accusation on oserait porter contre ce magistrat intègre.

X. avait contre lui ses subordonnés qui exerçaient une surveillance de tous les instants; seul M. Sermet, le greffier-notaire, approuvait la conduite de son chef direct. Malheureusement il avait trop de travail à son étude pour pouvoir s'occuper du greffe, laissé à la charge d'Appietto. Ce dernier trouvait un grand changement depuis le départ de son compatriote Orsini; il se plaignait continuellement de X., qu'il était obligé d'assister dans toutes ses instructions.

Autant le suppléant était aimé par les Français, autant le titulaire était détesté. De nombreuses plaintes avaient été adressées à la Chancellerie contre ce dernier; mais, soutenu par les Juifs, il savait n'avoir rien à redouter.

Un garçon de café, employé chez Magnin, fut incarcéré à la prison de Bordj-bou-Arreridj, pour avoir mis du retard à porter à domicile, au juge Orsini, une tasse de café que le chaouch était allé commander.

D'après Torchon, le garçon aurait dit :

— Je n'irai chez ton *sale Corse* que lorsque

j'aurai servi les clients qui sont au café [1].

Plusieurs habitants protestèrent contre cet abus de pouvoir et adressèrent de nombreuses pétitions au parquet et à la Chancellerie, mais que pouvaient-ils contre le protégé des Juifs?

Ce fait n'était antérieur que de quelques jours à la nomination de X.

Nous avons dit comment, après un mois de service, il avait su mériter l'éloge de ses chefs hiérarchiques et l'estime de ses justiciables ! Ceux-ci crurent donc le moment favorable pour demander le remplacement d'Orsini par le suppléant rétribué qui venait de faire ses preuves.

Plusieurs lettres furent envoyées à M. Treille, député de la circonscription, à par les autorités de Bordj-bou-Arreridj. Certaines réponses du député algérien laissèrent même

---

[1]. Aucun consommateur n'avait entendu cette réponse; mais en supposant que le garçon se fût servi de cette expression, Orsini n'avait pas le droit de le faire écrouer à la prison. Nous devons du reste ajouter que les Français avaient l'habitude de ne désigner le juge de paix que par ces deux mots : sale Corse.

espérer le prochain déplacement d'Orsini.

D'autre part, X., qui n'avait pas de raison pour préférer Bordj-bou-Arreridj à un autre poste, sur le conseil des personnes qui s'étaient adressées à M. Treille, écrivit à M. Duclaud, député de l'arrondissement de Confolens (Charente), et lui demanda d'user de son influence pour le faire nommer titulaire du poste dont il n'était que suppléant rétribué.

X. aurait eu tort d'agir de la sorte, si Orsini, bien qu'absent, ne lui en avait donné motif. Le juge de paix, en partant, avait refusé de faire connaître son adresse au suppléant, qui, dans l'intérêt même du service, aurait eu souvent besoin de lui demander quelques renseignements.

Bien plus, depuis son départ, Orsini avait écrit plusieurs fois au chaouch Torchon et X. en avait eu indirectement connaissance. Cette indélicatesse faisait prévoir dans quelle situation allait se trouver le suppléant au retour du titulaire.

Les notes transmises à Orsini par Torchon n'étaient sans doute pas rassurantes, puisqu'elles motivèrent son retour avant l'expiration de son congé. Au lieu de rentrer directement, il resta quelques jours à Constantine, espérant que le suppléant ne le saurait pas si rapproché. Malheureusement un indiscret (il y en a toujours) avait averti M. Dardillac, maire et conseiller général de Bordj-bou-Arreridj, qu'Orsini était à Constantine.

Il fallait donc se hâter si on voulait obtenir le déplacement de ce juge sans vergogne. Au lieu de lettres, des télégrammes furent envoyés à M. Treille, d'une part, par les autorités, et à M Duclaud, d'autre part, par le suppléant.

Parmi ces dépêches, nous relevons celle-ci dont copie nous a été remise.

Treille député Paris

Population Canton Bordj-bou-Arreridj envoie pétitions ministre justice contre Orsini juge de paix pour abus de pouvoir et arrestation illégale. Voyez Duclaud député pour que X. suppléant soit nommé titulaire.

Signé : Fulgoux, Adjoint.

M. Treille n'avait pas la moindre influence personnelle ; s'il avait un service à demander, il devait s'adresser à M. Thomson, qui était en quelque sorte son Mentor. Or, que pouvait-il espérer d'un député juif, alors qu'il demandait un service pour un Français et au détriment même de l'exploitation des Juifs ?

Il fallait cependant se résigner : garder le silence plus longtemps auprès de ses électeurs français les plus influents, aurait pu lui être préjudiciable.

Il fit connaitre à M. Thomson toutes les démarches tentées auprès de lui par les habitants de Bordj-bou-Arreridj, et il lui demanda de lui dicter sa réponse.

Comme il est souvent nécessaire de contenter tout le monde et son... clan, celui-ci engagea M. Treille à faire des réponses évasives, sans jamais s'engager à rien. Cela leur donnerait du temps et alors on tendrait adroitement un piège au suppléant, et le jour où il y tomberait, on pourrait le chasser de Bordj-bou-Arreridj, sans trop faire crier les habitants.

De son côté, M. Duclaud se préoccupait fort peu de X., qui se croyait son protégé. Bien que jouissant d'une bien faible influence, il appartenait à la majorité gouvernementale et était par suite en droit de demander quelque faveur au cabinet Ferry. Mais il savait que ce ministère était à la merci des circoncis, et il ne voulait pas se discréditer en recommandant un fonctionnaire qui refusait de se prêter aux manœuvres des Juifs.

Ce vieux député charentais, qui paraissait toujours si affairé près de ses électeurs, négligeait un peu trop ses devoirs politiques pour s'occuper de ses relations privées.

Voter toujours aveuglément pour le ministère a été l'unique but de l'homme qui administre actuellement le département du Cher. Notre impartialité nous fait un devoir de dire que si M. Duclaud, dans le but de se rehausser auprès de ses électeurs, leur faisait souvent des promesses qu'il savait ne pouvoir tenir, il est du moins toujours resté honnête et ne s'est jamais mêlé aux tripotages qui sont le seul objectif de la majeure partie de nos députés.

Dans de semblables conditions, on peut prévoir que les démarches faites, tant auprès de M. Treille qu'auprès de M. Duclaud, n'avaient aucune chance d'aboutir. X. ne croyait pas qu'on puisse jamais lui faire un crime d'empêcher l'exploitation des Français et des Arabes par les Juifs : il comptait sans l'influence de ceux-ci et sans la complicité du gouvernement.

Bordj-bou-Arreridj est, par sa situation, un des centres les plus désagréables de l'Algérie ; par suite de la sécheresse, la végétation est à peu près nulle. Il est bien rare de rencontrer un arbre, de trouver de la verdure ; on ne voit de chaque côté que des marais fort malsains et des terres entièrement nues. L'été, il fait une chaleur accablante, le siroco souffle presque continuellement ; l'hiver, le froid est très intense et les neiges sont généralement fort abondantes.

X. ne s'y déplaisait pas cependant ; d'une

part, ses nombreuses occupations ne lui laissaient pas le temps de s'ennuyer, d'autre part il s'était fait plusieurs amis parmi les fonctionnaires civils et militaires.

MM. Prunier et Henry, administrateurs, Bernard, médecin de colonisation, Dardillac, maire et conseiller général, Sermet, greffier-notaire, Reybaud[1], administrateur-adjoint, fréquentaient beaucoup le jeune magistrat.

Le commissaire de police, M. Pelluet, actuellement à Djidjelli, était plus particulièrement attaché à X.; ce n'était pas un subordonné, mais un ami et un confident.

Ils se trouvaient isolés sur ce sol africain, au milieu de gens qu'ils ne connaissaient pas encore suffisamment, pour distinguer les exploités des exploiteurs.

Ils avaient admis dans leur intimité le greffier-notaire, Sermet, qui les initiait peu à peu au rôle joué par chacun des personnages qui formaient l'effectif de notre population algérienne.

---

1. Nous donnons les noms de ces fonctionnaires, parce

Nous ne saurions trop faire l'éloge de ce fonctionnaire que sa droiture et sa probité mettaient à l'abri de toute attaque.

Les Juifs, qui savaient ce que pensaient d'eux le suppléant et le commissaire de police, n'admettaient pas une liaison aussi marquée entre les deux magistrats, qui, prétendaient-ils, devaient comploter contre eux. Leurs récriminations arrivèrent jusqu'aux oreilles du substitut Ravisy, qui blâma X. en lui disant qu'un juge devait se borner à faire appeler un commissaire dans son cabinet, lorsqu'il avait à lui parler. X. fut très froissé de cette observation. Il prévoyait d'où venait le coup et il comprit que les espions juifs avaient reçu l'ordre de le surveiller.

Lors de son arrivée à Bordj-bou-Arreridj, X. allait quelquefois au café tenu par le Juif Bachmayer, brasseur.

Celui-ci, flatteur comme tous ses coreligionnaires, espérait se servir de son client

---

qu'ils étaient détestés des Juifs et qu'ils approuvaient hautement la conduite du suppléant.

pour exploiter librement quelques colons.

Bachmayer possédait une petite propriété qu'il louait assez difficilement, parce qu'il demandait un prix exagéré.

Un naïf colon lui étant un jour tombé sous la main, il fit son possible pour conclure le marché, séance tenante, avant que le locataire se fût rendu compte de la valeur des terres louées... D'après le Juif, le marché avait été conclu, et des sous-seing privés avaient même été préparés pour être signés le lendemain, chacune des parties contractantes en ayant gardé une copie.

Après avoir vu la propriété, le colon refusa de conclure. Cela ne faisait pas l'affaire de Bachmayer, qui poursuivit le colon devant le juge de paix pour l'obliger à accepter le marché.

Le poursuivant s'était servi du greffier Appietto pour essayer de capter la confiance de X. Malheureusement le jeune magistrat ne recevait des conseils de personne pour le prononcé de ses jugements.

A l'audience, une réponse insolente du

colon fit espérer à Bachmayer que le suppléant n'hésiterait pas à rendre un jugement conforme à ses conclusions.

Il n'en fut rien cependant. Après avoir adressé une verte semonce au défendeur, X. rendit son jugement : le demandeur fut débouté de sa demande et condamné aux dépens.

Nous n'essaierons pas de décrire la fureur de Bachmayer, qui n'avait pu obliger un simple suppléant à l'aider à tromper un colon français.

Refuser son concours à un Juif était de la part d'un magistrat un crime impardonnable.

Un second crime fut commis par X. dans une affaire criminelle.

Un Corse, nommé Starcelli, était logé et nourri chez une vieille femme, sa compatriote, qui l'avait reçu chez elle par pitié. Un jour que celle-ci était absente, le pensionnaire avait brisé la serrure d'une malle, et s'était emparé d'une somme de 100 francs et de divers objets. Plainte ayant été portée au commissaire de police, celui-ci fit arrêter Starcelli, et l'envoya devant le juge de paix.

La plaignante ne sachant pas parler le français, Appietto dut servir d'interprète. « Starcelli, affirma le commis-greffier, n'était pas coupable ; dans la déposition de la vieille femme, il n'avait relevé aucune charge sérieuse contre lui. » Confiant dans les paroles de son subordonné, X. remit l'inculpé en liberté, en lui faisant promettre de ne pas s'éloigner de Bordj-bou-Arreridj.

Le lendemain de cet interrogatoire, le nommé Legac, employé de Baisse, receveur des contributions diverses, déposait chez le commissaire de police un revolver qui lui avait été vendu par Starcelli, et qui fut reconnu par la plaignante. D'autres objets, faisant partie de ceux volés dans la malle, furent portés au commissariat par diverses personnes qui les avaient achetés à Starcelli.

Lorsque tous ces faits eurent été signalés à X., celui-ci fit rechercher Starcelli ; mais le Corse n'avait pas attendu : en sortant de prison, il avait quitté Bordj-bou-Arreridj. Un mandat d'amener fut alors lancé contre lui, et après trois jours de recherches, Starcelli fut arrêté auprès de Teniet-el-Merdj.

L'instruction fut rapidement menée, et malgré les dénégations de l'inculpé, qui avait déjà subi quatorze condamnations, aucun doute ne pouvait subsister sur sa culpabilité. Outre les objets volés et vendus par lui, le juge constata que Starcelli, qui était sans argent la veille du vol, en avait en sa possession au moment de son arrestation, après avoir fait de nombreuses dépenses dans une maison de prostitution.

A l'arrivée d'Orsini, le dossier complètement terminé allait être envoyé au parquet de Sétif. Le juge titulaire, sans doute sur les observations d'Appietto, voulut s'opposer à cet envoi. X. emporta chez lui le susdit dossier, et l'expédia lui-même au parquet.

Traduit devant le tribunal correctionnel, Starcelli fut condamné à cinq ans de prison pour vol.

Après le prononcé du jugement, il insulta grossièrement le tribunal, ce qui lui valut, séance tenante, une nouvelle condamnation à cinq ans de prison.

Starcelli interjeta appel.

Nous n'avons jamais lu l'arrêt de la cour d'Alger, mais il nous a été affirmé, que, grâce à la protection de son compatriote, Pompéi [1], alors procureur général à Alger, les cinq ans de prison pour vol auraient été levés. Nous croyons toutefois devoir faire toutes réserves relativement à ce dernier point.

Pendant l'absence du titulaire, le juge suppléant avait été appelé plusieurs fois à fournir des renseignements sur certains de ses justiciables qui sollicitaient une place; parmi ceux-ci, un jeune Arabe, fils d'un des cadis du canton, désirait être nommé adel. Ce postulant allait servir d'instrument aux Juifs pour arriver à la révocation du suppléant.

Après avoir séjourné quelques jours à Constantine et à Sétif, Orsini avisait Torchon de son arrivée. Celui-ci en fit part à Apietto, qui ne sut pas cacher sa joie. Les

---

1. Nous serions curieux de savoir si c'est comme compatriote que Starcelli était le protégé de Pompéi et d'Orsini ou pour un autre motif...?

deux employés se rendirent ensemble à la gare pour recevoir leur maître, et après les premières accolades, ils le ramenèrent triomphalement à la Justice de paix.

Orsini fut très froid avec son suppléant qu'il ne connaissait encore que par les correspondances de Torchon. Cet accueil laissait prévoir ce que devaient être les relations ultérieures des deux magistrats.

Pour parer à toute éventualité, X. écrivit au procureur général et lui demanda son changement. A l'appui de sa demande, il invoqua les notes que lui avaient données ses chefs hiérarchiques, faisant connaître, en outre, l'impossibilité où il se trouvait de travailler sous les ordres du titulaire.

Les habitants de Bordj-bou-Arreridj avaient appris avec peine le retour d'Orsini.

Ils espéraient que, grâce aux démarches faites par les autorités, on obtiendrait le déplacement du juge de paix. Leur espoir avait été déçu, et ils voyaient que leurs récriminations n'avaient aucun poids contre ce protégé des Juifs.

Quelques personnes étaient, cependant, heureuses de garder Orsini. Outre Torchon et Appietto, dont nous avons parlé plusieurs fois dans le courant de ce chapitre, MM. Bigonnet, ancien maire, Bachmayer, cafetier, Pagès et Moreau, agents d'affaires [1], et tous les Juifs du canton désiraient, pour des raisons différentes, le maintien d'un magistrat qui ne refusait pas de les obliger.

Le nouvel interprète, M. Sagnes, n'avait pris possession de son poste que peu de temps avant le retour d'Orsini.

Sur les conseils d'Appietto, il n'avait pas hésité à se séparer du suppléant, pour faire partie du clan dont nous venons de parler. Il avait gardé comme auxiliaire Ali ben Mohamed, envoyé par le procureur, sur la demande de X.

La tâche d'un interprète étant très délicate, il était du devoir de Ravisy de n'envoyer, même *provisoirement*, près d'un magistrat

---

1. Il y avait deux camps nettement tranchés : le camp juif, présidé par Orsini et Bigonnet, et le camp anti-juif dont faisaient partie les amis du suppléant, dont nous avons parlé précédemment.

qu'un homme d'une probité incontestée. Il n'en fut pas ainsi. Ali ben Mohamed[1], de complicité avec Torchon, commit certaines indélicatesses qui devaient plus tard rejaillir sur le suppléant, chargé du service.

Après le retour d'Orsini, des dépêches furent encore adressées, à M. Treille et à M. Duclaud. Sur le conseil de quelques amis, X. envoya la dépêche suivante :

Duclaud, député, Paris.

Prière télégraphier aussitôt ma nomination. Incompatibilité avec titulaire. Plaintes contre lui chancellerie. Sur demande des habitants accepterai être nommé titulaire Bordj-bou-Arreridj. Excellentes notes fournies par procureur. Voir Treille député. Réponse télégraphique.

X...

Le même jour, M. Treille recevait de l'adjoint Fulgoux une dépêche à peu près analogue. M. Fulgoux faisait cette demande,

---

1. Ali avait l'habitude de se faire remettre de l'argent par les justiciables. Il se disait l'ami du suppléant sur lequel il prétendait exercer une certaine influence, alors qu'il n'était que son débiteur.

tant en son nom personnel, qu'au nom de la majeure partie des habitants.

Ne recevant pas de réponse, et ne pouvant supporter davantage les grossièretés d'Orsini, X. crut prudent de demander un congé de quelques jours pour aller à Alger. Là, il verrait le procureur général et saurait à quoi s'en tenir sur son avancement.

Le lendemain de son arrivée, à Alger, X. assista à une soirée donnée par le Gouverneur en l'honneur du mariage de sa fille avec M. Comolet, sous-préfet d'Aix.

Le jeune magistrat fut présenté à des parents et amis de M. Comolet, venus à Alger pour assister au mariage. Nous citerons parmi ceux-ci les trois frères Bousquet et M. Estier de Marseille, qui se lièrent assez intimement avec X.

Un Arabe de la province de Constantine, Chérif ben Ali ben Larbi, chevalier de la Légion d'honneur, cheick d'un douar du canton d'Aïn-Beïda, s'adjoint au groupe et prend part aux diverses parties organisées par les jeunes touristes.

Un jeune Algérien, Geille, élève de l'école des Beaux-Arts, dont X. avait fait connaissance pendant la traversée de Marseille à Alger, voulut bien être, dans les diverses excursions, le *cicérone* du groupe dont nous venons de parler.

Les nouveaux amis du suppléant ne lui firent pas oublier le but de son voyage à Alger. Il vit plusieurs fois le procureur général, qui lui promit, si les renseignements étaient favorables, de lui faire obtenir à bref délai un poste de juge de paix.

Le jeune Mohamed, fils du cadi de Mansourah, dont nous avons parlé plus haut comme sollicitant la place d'adel[1], suivait à Alger les cours de l'école arabe.

Ayant aperçu le suppléant de Bordj-bou-Arreridj, il lui demanda d'appuyer verbalement sa demande. X., n'y voyant aucun inconvénient, du moment où les notes recueillies sur ledit Arabe étaient bonnes, le pré-

---

1. Nous appuyons sur tous ces faits, parce qu'on a prétendu, dans l'enquête, que le suppléant berçait de promesses le jeune Mohamed dans le but de se faire payer ses services.

senta au procureur général. On lui donna même à espérer que sa nomination ne se ferait pas longtemps attendre.

Nous devons ajouter qu'il y avait un peu droit, d'abord comme fils d'un des plus anciens cadis[1], et en outre parce qu'il avait passé avec succès l'examen indispensable pour entrer dans la magistrature arabe.

Pendant son séjour à Alger, X., qui était continuellement avec MM. Bousquet ainé, Estier, Geille et Chérif ben Ali ben Larbi, vit très souvent le fils du cadi de Mansourah. Celui-ci venait même de temps à autre rejoindre le groupe au café, en compagnie de son cousin et beau-frère Messaoud, qui habitait Blidah. Ces fréquentations plaisaient d'autant plus aux nouveaux amis de X., que cela leur permettait de faire quelques études sur les Arabes, complètement inconnus de la majeure partie des Français.

Il fut décidé entre le jeune suppléant et ses amis qu'on irait faire une excursion à Blidah

---

1. Ce juge arabe avait essayé de calmer les esprits de ses justiciables, lors de l'insurrection de 1871.

et que Messaoud leur ferait visiter la ville et les environs.

Blidah est sans contredit une des villes les plus agréables de l'Algérie. Située à une faible distance d'Alger, elle est un but de promenade, tant pour les Algériens que pour les étrangers. Son jardin public est très curieux à visiter; le jardin des Oliviers, où l'on trouve des arbres séculaires, n'est pas moins intéressant. Ses rues sont bordées d'orangers. De Blidah, on se rend en voiture au ruisseau des Singes, à l'entrée des gorges verdoyantes de la Chiffa.

Le voyage s'effectua dans d'excellentes conditions. Le jour de leur arrivée, les touristes parcoururent en voiture les environs de la ville et rentrèrent dîner à l'hôtel d'Orient, où ils étaient descendus. Le lendemain, ils allèrent déjeuner au ruisseau des Singes en compagnie de Messaoud et de Mohamed, qu'ils avaient invités. Le soir ils rentrèrent à Alger.

Nous donnons tous ces détails pour bien établir que Messaoud n'a été qu'un guide complaisant, tant pour le magistrat que pour les amis et parents du gendre du Gouverneur de l'Algérie[1].

Pendant son séjour à Alger, X. eut l'idée, après s'être fait photographier en Arabe, de garder ce costume le soir pour aller au théâtre. Etant éloigné de Bordj-bou-Arreridj, il ne se considérait pas comme magistrat pendant son congé et ne croyait pas par suite qu'on pût plus tard lui faire un crime de ce déguisement tout naturel dans ce pays.

Le jeune suppléant quitta Alger le 23 octobre par le bateau côtier qui faisait voile pour Bougie. De là il prit la voiture de Sétif qui traverse les effrayantes gorges du Chabet[2]. Le substitut Ravisy l'engagea à rester jusqu'au

---

1. MM. Estier et Bousquet avaient invité Messaoud à venir les voir à Marseille.
2. La route qui traverse ces gorges a été creusée dans une montagne élevée à pic de quinze à seize cents mètres. Cette route trop étroite est protégée par un parapet de 0,60 centimètres de hauteur. Au moindre tournant, la tête des chevaux s'avance dans le vide, au-dessus du parapet et le moindre choc pourrait précipiter l'attelage dans le vide La route est d'une longueur de 7 kilomètres et élevée de sept à huit cents mètres.

lendemain pour lui parler d'une lettre qu'il avait reçue de Pompéi.

Conformément à sa promesse, le procureur général demandait des renseignements sur X. pour savoir s'il pouvait lui donner de l'avancement. Ravisy, qui avait toujours fait des éloges au suppléant sur son service, ne put que donner d'excellentes notes.

Sa lettre, qui était *officielle,* a dû fort probablement s'égarer plus tard du dossier. Elle disait en substance que, pendant l'absence d'Orsini, X. avait fait preuve de zèle et d'intelligence et qu'il était dans les conditions voulues pour faire un excellent juge de paix.

M. Mauguin, député d'Alger, qui ignorait la conduite du suppléant avec les Juifs, avait promis de s'intéresser à lui.

En outre, les habitants de Bordj-bou-Arreridj, qui connaissaient les promesses du procureur général et les notes du substitut de Sétif, firent de nouvelles démarches auprès de M. Treille pour la nomination du suppléant comme titulaire.

De son côté, Orsini ne restait pas dans

l'inaction. Il adressait lettres et dépêches à tous ceux qui pouvaient lui être de quelque utilité, ajoutant *sans doute* que, s'il avait commis des fautes et abusé de son pouvoir, il avait du moins toujours protégé les Juifs. C'était en effet la meilleure note pour un magistrat algérien.

Nous ne connaissons pas le contenu des correspondances échangées entre Orsini et ses protecteurs. Toutefois trois dépêches écrites de la main du quémandeur nous sont tombées entre les mains. Nous les donnons textuellement :

Coggio,

Télégraphiez à Paris, si avez intention intervenir. Lettre arriverait trop tard.

Arène, député,

Si votre intervention n'est pas immédiate, elle sera tardive.

Forcioli, sénateur,

Extrême urgence dans affaire que vous savez. Agissements incroyables.

La situation, déjà fort tendue entre le titulaire et le suppléant, devint insoutenable à la suite d'une nouvelle insulte d'Orsini. Un soir, X. envoya chercher par le chaouch Torchon les codes annotés de Rivière dont il avait besoin pour une instruction. Cet ouvrage étant dans le cabinet du juge de paix, c'est à lui que le chaouch dut s'adresser pour le prendre. Orsini était au café et avait sur lui la clef de son cabinet. Lorsque Torchon lui demanda la clef pour prendre le livre, il lui répondit:

« Va dire au suppléant qu'il m'ennuie...! »

X., craignant de n'avoir pas bien entendu, fit répéter trois fois cette réponse par le chaouch. Il écrivit alors une lettre de provocation à Orsini et une seconde au substitut de Sétif pour lui dire que dans de semblables conditions il ne pouvait continuer le service.

A cette même époque, Orsini recevait la dépêche suivante du procureur général:

Orsini, juge de paix Bordj-bou-Arrerij; Demandez à suppléant si accepterait être nommé titulaire Laghouat ou Biskra. Seuls postes disponibles. Son refus l'obligera d'attendre.

X. faisait répondre aussitôt :

Procureur général Alger.

Suppléant accepte être nommé titulaire Biskra.

Orsini.

Cette dépêche *officielle* du procureur général prouve que les notes du suppléant étaient excellentes, puisqu'après moins de trois mois on lui offrait un poste de titulaire ; mais elle a dû également disparaitre du dossier. Il serait cependant facile d'en trouver la copie au bureau télégraphique d'Alger, en cherchant dans les premiers jours de novembre 1883.

Après avoir pris connaissance de la plainte portée contre Orsini, le substitut fit appeler le suppléant à Sétif et blâma la conduite du juge de paix, tout en engageant X. à continuer son service jusqu'à sa nomination.

Sur ces entrefaites, il se produisit un incident dont les Juifs profitèrent pour préparer leur vengeance.

Mohamed écrivit à X. pour lui demander si, grâce à sa protection, on ne ferait pas bientôt droit à sa demande.

Cette lettre, décachetée par Orsini, et dont X. n'a jamais eu communication, fut envoyée aussitôt au procureur général.

Les démarches d'Orsini et de certains Juifs influents avaient déjà produit leur effet.

Des ordres avaient été donnés, tant au procureur général qu'au substitut de Sétif, pour préparer une enquête qui devait aboutir à la révocation du suppléant.

Pour obtenir ce résultat, il fallait inventer, car il était assez difficile de révoquer un magistrat contre qui aucune plainte n'avait jamais été portée.

A la suite d'une lettre du procureur général, M. Ravisy fit venir le juge de paix à Sétif.

Nous ignorons quel complot ils tramèrent ensemble ! Le lendemain, Orsini revenait en compagnie de MM. Ravisy et Déjouani, interprète du tribunal.

De prime abord, chacun crut que, faisant droit aux légitimes réclamations des habitants, on avait enfin ordonné une enquête contre Orsini. L'illusion fut de courte durée. La figure réjouie d'Orsini prouvait qu'il n'avait rien à craindre.

Le soir même, M. Ravisy avertissait le suppléant qu'il était accusé de faits très graves et qu'il allait faire une instruction complète. L'étonnement de X. fut tellement grand qu'il voulut donner sa démission sur le champ; s'il ne le fit pas, c'est qu'il désirait voir jusqu'où allait la perversité des salariés des Juifs.

Le cadi de Mansourah fut appelé. Il ne put rien dire contre le suppléant. C'est peut-être ce qui lui valut plus tard sa révocation.

Le cadi de Rapta, celui de Bordj-bou-Arreridj n'avaient pas à se plaindre de X; il en fut de même de plusieurs cheicks appelés pour les besoins de la cause.

Les chefs arabes n'ayant pas voulu se faire les complices d'une basse vengeance contre un magistrat français, on chercha si, parmi les indigènes, quelques-uns n'auraient pas à se plaindre de X. Appietto et Torchon pouvaient être d'une grande utilité dans la circonstance et c'est à eux qu'on s'adressa.

Nous ouvrons ici une parenthèse pour dire

que certaines affaires criminelles ne sont pas instruites lorsque le magistrat peut arriver à un arrangement entre le plaignant et l'inculpé.

Il n'est pas rare de trouver en Algérie des juges de paix qui reçoivent mensuellement de 150 à 200 rapports de cheicks, relatifs à des délits ou à des crimes. Or il est matériellement impossible de faire toutes ces instructions.

Pour ce motif, il est d'usage d'engager dans certains cas l'inculpé à désintéresser le plaignant, qui, de son côté, retire sa plainte.

Pendant son séjour à Bordj-bou-Arreridj, X. avait fait trois arrangements dans ces conditions; deux seulement nous sont connus et nous allons les citer :

Un indigène avait pris trois brebis à un de ses voisins, qui, après avoir porté plainte, fut envoyé devant le suppléant en compagnie de l'inculpé. Les deux voisins semblaient tellement amis, que le magistrat engagea le voleur à donner au plaignant une somme équivalant à la valeur des brebis.

L'argent fut versé immédiatement et l'affaire n'eut pas de suite.

Une autre fois, à la suite d'une discussion, un Arabe ayant mordu au doigt un de ses coreligionnaires, tous les deux furent envoyés devant le magistrat français. Celui-ci engagea l'inculpé à remettre une petite somme à sa victime, et congédia ensuite les deux parties.

Dans ces deux cas, le paiement fut effectué à la porte de la justice de paix, en présence de plusieurs Arabes. Torchon avait servi d'interprète.

M. Ravisy, tout à la recherche de témoins à charge, fit venir plaignants et inculpés dans les affaires dont nous venons de parler. Pour qu'ils ne fussent pas pris au dépourvu, le chaouch fut chargé de les confesser. Celui-ci les engagea à répéter, s'ils voulaient le départ du suppléant, qui, disaient-ils, était méchant et injuste pour les Arabes, la leçon qu'il allait leur apprendre.

Après l'audition des témoins, qui dura trois jours, X. fut appelé par le substitut. Au lieu de lire au suppléant, comme c'était son devoir, la déposition des témoins entendus, M. Ravisy laissa supposer qu'il n'avait relevé rien de bien sérieux dans l'enquête, qui aboutirait peut-être à un déplacement. Il dit toutefois à X. que des Arabes avaient affirmé qu'à trois reprises différentes, des sommes, variant entre 5 et 8 francs, avaient été gardées par lui, lors d'arrangements également ordonnés par lui.

Le suppléant, qui savait que ces accusations avaient été dictées aux Arabes par Torchon, protesta énergiquement et demanda à être confronté avec les témoins; M. Ravisy, qui craignait de voir les Arabes rétracter leurs allégations mensongères, refusa la confrontation.

X., rendu furieux par ce refus, qualifia la conduite des magistrats instructeurs ; il soutint devant le substitut que cette enquête était le résultat des manœuvres de certains personnages.

Ravisy demanda enfin au suppléant pourquoi depuis quelques jours il refusait de faire son service.

— Parce que, répondit X., je ne veux pas supporter plus longtemps les insultes d'un goujat; je respecte mes chefs, mais je veux être respecté par eux.

— Vous devenez bien impertinent, Monsieur le suppléant, pour parler de la sorte à votre supérieur !

— Je sais quelle conduite je dois tenir devant un magistrat qui joue dans une affaire un rôle tel que celui dont vous vous êtes chargé. N'ayant rien à dire contre moi, dont vous faisiez l'éloge encore tout récemment, vous appelez des témoins confessés d'avance, et vous refusez de me confronter avec eux dans la crainte de les voir rétracter ce qu'on leur a fait dire.

— Pour qui me prenez-vous donc ?...

— Pour ce que vous êtes.

— Si vous répétez ce que vous venez de dire, je vous fais arrêter immédiatement : vous êtes en présence d'un chef qui donne des ordres et n'en reçoit pas.

— Je ne reconnais plus de chefs, car je donne ma démission.

A ce mot de démission, le substitut se calma.

Si le suppléant démissionnait, le but n'était pas atteint, puisque ses ennemis avaient demandé sa révocation.

M. Ravisy engagea donc X. à continuer son service, lui disant qu'il n'avait rien à craindre. Il ajouta même que les faits révélés par les Arabes n'avaient aucune portée, et que c'était pour ce motif qu'il avait jugé la confrontation inutile. Grâce à cette hypocrisie, il fit signer les pièces au suppléant et se retira, satisfait d'avoir donné une nouvelle preuve de son dévouement aux Juifs.

Quelques mois après l'enquête, M. Ravisy était nommé substitut à Constantine.

Quand il lira cet ouvrage, il sera étonné des renseignements précis que nous donnons sur cette affaire; il se demandera pourquoi nous le démasquons, lui, le protégé de M. Mauguin, le protecteur des Juifs? Il craindra peut-être de nous voir dévoiler d'autres faits ! Cela nous serait facile en effet, mais nous croyons inutile de nous étendre sur un personnage que ce simple récit suffit à faire connaître.

L'enquête avait eu lieu dans les premiers jours de décembre 1883. Encouragé par le substitut, X. avait continué son service. La majeure partie des instructions lui avaient été remises par les ordres d'Orsini, et il les lui avait rendues complètement terminées.

Le suppléant, étant allé à Sétif, vers la fin de décembre, reçut de nouveaux éloges du substitut.

Il vit M. Philippoteaux, président du tribunal, M. Terrier, juge, et quelques autres magistrats, et aucun ne fit allusion à l'enquête, qui, de l'avis général, ne devait pas avoir de suites fâcheuses. M. Ravisy affirma même à X. qu'il resterait à Bordj-bou-Arreridj et que le titulaire partirait avant lui.

Confiant dans cette promesse, le suppléant, qui avait toujours hésité à acheter des meubles, dans la crainte d'un déplacement, se rendit le même jour chez Mairesebile Régis et Milano, marchands d'ameublements à Sétif, et acheta chez le premier pour 700 francs, chez le second pour 1000 francs[1]. Il donna à chacun

---

1. Ces détails ont une très grande importance. Il était,

200 francs comme acompte, s'engageant à payer le surplus à des époques déterminées.

Rentré à Bordj-bou-Arreridj, X. se mit sérieusement au travail, convaincu, d'après les paroles du substitut, qu'il n'avait plus à craindre un déplacement.

Le 10 janvier, il était avisé confidentiellement par un ami, que plusieurs députés demandaient sa révocation et que M. Martin Feuillée ne la leur refuserait pas. Ils l'engageaient, dans son intérêt, à donner sa démission.

X. comprit, un peu tard, qu'il était réellement victime d'une intrigue, préparée par les Juifs, et conduite par M. Ravisy.

N'ayant rien à espérer de MM. Ferry, Martin-Feuillée, Raynal, Waldeck, etc., le suppléant envoya sa démission au ministre de la justice. Ne se considérant plus comme fonctionnaire, il écrivit une seconde lettre à M. Martin-Feuillée[1] pour lui faire connaître

évident que X. n'aurait pas acheté de meubles sans l'affirmation expresse de Ravisy qu'il n'avait rien à craindre.

1. Dans cette seconde lettre il disait : « Il faut connaître l'Algérie pour se rendre compte de l'influence des

ce qu'il pensait des hommes qui tenaient en main les rênes du gouvernement.

Une lettre s'égare facilement, lorsqu'elle est adressée à un homme indélicat, qui, pour les besoins de sa cause, ne doit pas l'avoir reçue. C'est ce qui arriva pour la lettre de démission que X. avait eu le tort de ne pas recommander.

Partie le 10 janvier, elle avait dû arriver à destination le 14 ou le 15. M. Martin-Feuillée soutiendra peut-être qu'il n'en a jamais eu connaissance. Nos lecteurs savent, du reste, quelle confiance on pouvait avoir en ces hommes du Tonkin, qui trompaient le public, en falsifiant les dépêches officielles.

Quant à la seconde lettre, arrivée deux ou trois jours après la première, l'ex-ministre s'en souviendra peut-être mieux. L'effet du reste n'avait pas été long à se produire, car, le 18 janvier, X. recevait la dépêche suivante :

Juifs grâce à la complicité du gouvernement. J'ai donné ma démission, parce que je ne voulais pas être sous les ordres de cette bande de goinfres et de sauteurs qui composent le cabinet Ferry, etc. »

X. suppléant Bordj-bou-Arreridj.
Au lieu d'avancement êtes révoqué.

Duclaud.

Le député de la Charente écrivait ensuite à X. pour lui manifester son regret de ne pas avoir été averti à temps, afin d'intervenir en sa faveur auprès du ministre.

X... fut très surpris de cette audace. M. Duclaud, à qui il s'était adressé plusieurs fois, n'avait jamais rien fait pour lui et il offrait ses services alors qu'il était trop tard. Comme cela donne bien une idée exacte de la bonne foi de la majeure partie de nos députés, qui bercent leurs électeurs de promesses pour assurer leur réélection, et qui, au moment d'agir, sont toujours impuissants !

Quelle honte pour les Français indépendants de se voir représentés à la Chambre par cette horde d'individus qui formait la majorité du cabinet Ferry ! La promesse d'une place en cas de non-réélection les poussait à se faire les complices d'hommes que le pays a jugés depuis. C'est ainsi que

M. Duclaud est préfet du Cher, M. Labuze, trésorier-payeur général des Bouches-du-Rhône, etc.

Quels fonctionnaires indépendants !

A la lettre de M. Duclaud, dont nous venons de parler, X. répondit immédiatement pour demander les motifs de sa révocation ?

La question était sans doute fort embarrassante, puisque le député opportuniste ne put faire une réponse catégorique.

« On a révélé sur vous, écrivait-il, des faits tellement graves, que je ne puis vous les faire connaître. »

Nous avons entre les mains cette lettre de M. Duclaud. Nous ne la publions pas, convaincu que l'auteur ne la désavouera pas, mais nous nous croyons autorisé à demander au préfet du Cher pourquoi il ne pouvait pas répéter des faits dont le ministre lui avait donné connaissance ? Pourquoi en outre il répondait à une nouvelle lettre de X. que le ministre ne pouvait pas accorder la contre-enquête demandée.

Il reconnaissait donc lui-même que dans

une contre-enquête, X., qui se tenait en garde, pourrait facilement réduire à néant toutes les accusations portées contre lui ! Il savait, ou tout au moins il devait savoir, qu'un ministre intègre ne pouvait pas refuser une contre-enquête, alors que le fonctionnaire attaqué avait été induit en erreur, et ne connaissait qu'une faible partie des accusations dirigées contre lui.

On aurait envoyé sur les lieux un substitut de Constantine, M. Eon, par exemple, qui allait être nommé procureur de la République à Sétif; on lui aurait donné des ordres très sévères pour que le résultat de l'enquête restât le même.

Mais X. aurait voulu prendre connaissance du dossier, et pour chaque fait il aurait exigé la confrontation.

Que serait-il arrivé alors si quelques-uns des Arabes entendus avaient dit : « Nous avons récité la leçon que nous avait apprise le Juif Torchon ! »

La mèche eût été vendue; l'affaire se serait ébruitée et chacun eût été éclairé sur les manœuvres dont sont continuellement victimes des milliers de Français.

C'était là ce qu'il fallait éviter à tout prix et c'est pour ce seul motif que la contre-enquête avait été refusée.

La nouvelle de la révocation du suppléant se répandit très vite à Bordj-bou-Arreridj; elle donna lieu à un grand nombre de commentaires.

Les Juifs étaient heureux d'être enfin débarrassés de ce magistrat qui avait refusé de se prêter à leurs manœuvres.

Les marchands de meubles de Sétif écrivirent à X. de les payer immédiatement s'il voulait éviter des poursuites. Étant dans l'impossibilité de s'exécuter, l'ex-suppléant proposa à ses deux créanciers de reprendre les meubles vendus, qui, dans quinze jours, n'avaient pu être détériorés, et de garder cent francs pour la location.

Mairesebile se rendit sur les lieux et accepta la proposition de son débiteur.

Il n'en fut pas ainsi de Milano.

Cet individu, Maltais d'origine, qui s'était

enrichi en employant les procédés des Juifs, ne laissait jamais échapper une occasion d'exploiter ses débiteurs. Il refusa toute transaction, et exerça des poursuites. Les meubles vendus par Milano et ceux appartenant à X., furent saisis, vendus, et rachetés par le créancier récalcitrant. Quelques objets, envoyés de France, et en consigne à la gare, furent également saisis et vendus.

Dans toute cette affaire, l'huissier Rousseau joua un assez vilain rôle. Dans quelle condition se fit la vente ? A quelle somme s'élevèrent les frais ? Ce sont là des questions auxquelles nous ne pouvons répondre. Ce qu'il y a de surprenant, c'est que X. resta débiteur d'une somme supérieure à celle réclamée avant les poursuites [1].

Milano prit hypothèque sur les immeubles de son débiteur, et celui-ci dut, pour obtenir décharge, verser encore près de mille francs.

---

1. Orsini prêta son concours à toutes ces manœuvres. Il ne suffisait pas aux Juifs de chasser leur ennemi, ils essayaient de le dépouiller. En six mois, X. laissait en Algérie près de 10 000 francs.

Nos lecteurs de France ne connaissent probablement les Maltais que par ouï-dire. Ces insulaires sont avec les Juifs la plus dangereuse plaie de l'Algérie. Ils débarquent dans notre colonie, pieds nus et couverts de haillons; quelques années plus tard, on les retrouve millionnaires. La plupart d'entre eux ne savent ni lire ni écrire, mais ils connaissent admirablement les trois premières règles de l'arithmétique, et principalement la multiplication. Ils n'hésitent pas à prêter à deux ou trois cents pour cent, et ne tolèrent pas le moindre retard dans le remboursement. Lorsqu'ils possèdent une assez grande fortune, ils quittent l'Algérie pour revenir dans leur pays.

Puisque nous sommes à Bordj-bou-Arreridj, nous citerons les deux frères Bohadjar, qui, en vingt-cinq ans, ont volé à nos nationaux environ deux millions; Vigliano, Haubin, Cormi, bien que moins riches, voient chaque jour accroître leur magot dans des conditions exorbitantes!

Cette révocation doit donner une idée

exacte de l'influence des Juifs en Algérie. Si, comme nous l'avons répété plusieurs fois dans *l'Algérie juive*, ils sont plus illettrés et plus rampants que leurs coreligionnaires de France, on voit, par cet exemple, qu'ils sont aussi hypocrites et aussi puissants. Il semble presque incroyable, en effet, qu'en moins de six mois, ils soient parvenus à faire révoquer un magistrat qui avait mérité les éloges de ses chefs et l'estime de tous ses justiciables français.

Torchon possède déjà une certaine fortune provenant tant de ses exploitations, comme chaouch, que de prêts usuraires. Dans quelques années, nous le verrons fonder une maison de banque, qui, grâce à ses *talents*, prospérera dans les proportions de celles de nos rois de la Finance. Ses frères Guermi et Ramy ont été moins adroits : le premier est chaouch de la mairie ; le second, complètement dénué d'intelligence, n'a pas encore d'emploi ; ils sont l'un et l'autre des instruments dont Torchon sait faire son profit.

Mesguiche est le Juif le plus riche de Bordj-bou-Arreridj. Bien que marchand de nouveautés, il s'occupe principalement de prêts; il trouve ce commerce plus lucratif que le premier. C'est lui le Grand Électeur du canton, et tous ses coreligionnaires, les Suffar, Chemla, Nadjar, etc., viennent s'adresser à lui dans chaque affaire véreuse.

Tous ces Juifs, qui, pour exploiter nos colons et les Arabes, ont besoin du concours du juge de paix, devaient naturellement demander le départ d'un magistrat qui considérait l'usure comme un vol. Il existe une telle solidarité entre les descendants d'Israël, que les demandes, venant du plus humble d'entre eux, parviennent rapidement au ministère, soit par l'intermédiaire des Rothschild, soit par l'intermédiaire des députés juifs.

Quant à vous, fonctionnaires français, qui vous pliez ainsi aux ordres de cette horde, nous vous demandons, s'il reste encore quelques gouttes de ce vieux sang gaulois dans vos veines, d'examiner les conséquences de votre conduite! Votre complicité est la force des Juifs! Restez neutres, si vous le voulez, mais n'allez jamais vous faire les instruments d'une trame ourdie contre un de vos confrères qui a eu le seul tort d'être plus franc que vous! Vous devez rougir de l'avancement obtenu pour de tels services!

Que vous aurait-on reproché, à vous, M. Pompéi[1], si vous vous étiez borné à écrire à M. Ravisy de faire une enquête contre le suppléant de Bordj-bou-Arreridj, sans donner des ordres secrets qui n'étaient pas en votre honneur? Mais vous étiez peut-être trop compromis avec les Juifs pour reculer, et c'était même cette compromission qui vous avait valu le poste élevé que vous occupiez dans la magistrature.

Quant à vous, M. Ravisy, qui avez dirigé l'enquête, vous ne songiez qu'à votre avancement! Vous espériez, disiez-vous souvent,

1. Pompéi avait reçu des ordres formels du ministre de la justice. Il en avait avisé Ravisy et Orsini. La lettre de Mohamed servit de point de départ; mais les promesses faites par Pompéi au substitut de Sétif si l'enquête réussissait, donnent une idée exacte du zèle que mettait le premier magistrat algérien, à servir les Juifs.

être nommé procureur à Sétif. Pour atteindre ce but, vous avez failli à vos devoirs, car vous saviez que les faits relevés contre X. dans votre enquête étaient faux, et vous n'avez pas voulu entendre ses explications. Aviez-vous le droit de refuser la confrontation du suppléant avec ceux qui avaient porté des accusations contre lui ? Vous reconnaîtrez que non et cependant vous l'avez refusée ! Vous ne vouliez pas, alors qu'on vous avait chargé de faire une enquête, être obligé de reconnaître qu'on n'avait rien à reprocher à l'ennemi des Juifs ! Vous aviez peur qu'on vous dit : « Du moment où nous vous demandions des faits graves contre X., il fallait en trouver ! C'est votre maladresse qui nous empêche d'aboutir au résultat demandé. »

Vous n'avez pas mérité de tels reproches de la part de vos chefs ! Vous avez donné plus qu'on n'exigeait de vous ! Vous avez préféré la protection des Juifs à l'estime de vos compatriotes ! Si tous les fonctionnaires algériens ne devaient avoir souvent bouche close, quelques-uns de vos collèges auraient blâmé votre conduite ! Croyez-vous que M. Terrier, juge à Sétif, M. France, juge de paix à Bougie, et certains autres que vous connaissez et que nous ne nommons pas, auraient accepté la mission dont vous avez été chargé ? Ces magistrats intègres ne peuvent pas répondre ; mais nous ne craignons pas d'affirmer qu'ils ne prêteront jamais leur concours à un complot ourdi par les Juifs !

Quant à Orsini, actuellement juge de paix à Mostaganem, nous n'en dirons pas un mot, car nous aurions trop à dire. Nous l'engageons même, dans son intérêt, à ne pas nous obliger à parler de certaine affaire de succession, dont on a beaucoup bavardé à Bordj-bou-Arreridj. Cela nous ramènerait à certains faits dont le cadi de Rapta n'a peut-être pas seul le secret.

Nous tenons cependant, en terminant ce chapitre, à dire au juge de paix, ami de Torchon, que, quoi qu'on ait fait, jamais un Arabe ne maintiendra en face de X. les faits avancés dans sa déposition devant M. Ravisy.

Cette révocation que nous venons de

raconter n'est pas un fait isolé. Depuis quelques années, les Juifs sont devenus si puissants en Algérie, qu'ils ne considèrent plus les fonctionnaires que comme des machines, qu'ils ont seuls le droit de faire mouvoir.

VII

LES REPRÉSENTANTS DE L'ALGÉRIE

Nous avons trop souvent parlé, dans l'*Algérie juive*, des rapports existant entre les électeurs et les élus, pour ne pas édifier nos lecteurs sur le rôle joué par les sénateurs et les députés de notre colonie. C'est, en effet, à nos représentants qu'incombe la tâche de défendre nos intérêts. Malheureusement, en Algérie, les élus sont obligés d'aliéner leur liberté entre les mains des Juifs, s'ils veulent conserver leur mandat.

Pendant la campagne électorale, chaque youddi reçoit l'ordre de voter pour tel ou tel candidat, et le jour du vote, toutes les voix se portent sur celui qui leur a été désigné par le Grand Électeur. On se préoccupe peu, dans le camp d'Israël, de connaître les idées politiques du candidat : on veut, avant tout, que le député se plie aux exigences des Juifs.

Si la même entente existait chez nos nationaux, ils pourraient dans chaque élection lutter, avec quelques chances de succès, contre leurs vils adversaires; mais, outre les divergences d'opinion, il ne faut pas compter sur les voix de la majeure partie des fonctionnaires, qui, protégés généralement par les députés sortants, sont heureux de trouver une occasion de leur prouver leur reconnaissance.

Dans la province d'Alger, l'ancien député Mauguin, actuellement sénateur, a toujours été le serviteur dévoué des Juifs indigènes. Son passé politique lui a valu la haine et le mépris de tous ses compatriotes, aussi n'hésite-t-il jamais, pour conserver le mandat dont il est si fier, à obéir aveuglément aux ordres d'Israël!

Lorsque, dans son département, un fonctionnaire refuse de se faire le complice des Juifs, c'est à lui qu'on s'adresse pour demander son déplacement ou sa révocation. Il sait que cette demande est un ordre, et alors on le voit courir de ministères en ministères, jusqu'à ce qu'il ait obtenu gain de cause. Il jouit même, dit-on, d'une certaine influence, grâce à sa servilité, auprès d'un gouvernement sinon juif, du moins à la discrétion des Juifs.

Si M. Mauguin a le don de faire révoquer certains fonctionnaires, il a aussi le pouvoir de faire obtenir de l'avancement à d'autres. Il en est, en effet, quelques-uns, qui, poussés par la soif des grandeurs, se font les esclaves des youddis. A ceux-là il faut des postes élevés, car ils rendront d'autant plus de services qu'ils seront plus puissants.

Tel est le cas de M. Ravisy, le protégé de M. Mauguin, dont nous avons déjà parlé!

L'ancien député d'Alger était tellement honni de tous les Français que son élection semblait fort compromise. Les Juifs eux-mêmes, craignant de perdre un aussi puissant complice, jugèrent prudent de l'envoyer siéger au Sénat.

M. Mauguin fait partie de ces hommes qui n'ont aucune notion de leur dignité. Pour satisfaire son ambition, il n'a pas craint de livrer son pays aux Juifs; il eût même fait davantage, si ses mandants l'eussent exigé.

Cet homme n'est pas un mandataire, mais bien un courtier chargé de traiter les affaires entre les maisons Kanoui et Rothschild.

Les deux députés d'Alger, MM. Letellier et Bourlier, ont également été élus par les Juifs. Leurs concurrents, MM. Marchal et Samary, qui s'étaient nettement posés comme anti-juifs, avaient eu les voix de tous les Français indépendants.

M. Letellier est déjà un ancien. Il a marché à côté de M. Mauguin, dont il a suivi souvent les conseils. Il semble regretter d'être entré dans cette voie, mais il tient à son mandat, et il sait qu'il est arrivé au pouvoir grâce aux Juifs, et qu'il ne s'y maintiendra que par eux. Bien que ne les aimant pas, il doit par suite ne pas leur montrer son aversion¹.

M. Bourlier est plus jeune dans la vie politique. Pour se faire élire il a fait abnégation de ses principes, et a sollicité les suffrages des Juifs. Connaissant l'Algérie à fond, M. Bourlier parlait souvent jadis à ses amis des réformes à apporter aux modes actuels de colonisation, et nous ne craignons pas de dire que nous partagions ses idées sur beaucoup de points. Pourquoi donc garde-t-il le silence aujourd'hui ?

Nous lui demandons, au nom de tous les Français algériens, d'abandonner cette voie tortueuse où il s'est jeté et d'écouter les nobles sentiments qui l'animaient autrefois.

Il n'est pas encore si avancé qu'il ne puisse reculer pour revenir vers ceux qu'il a abandonnés.

Nous osons espérer, M. Bourlier, que vous ne resterez pas sourd à notre appel ! Vous ne sacrifierez pas plus longtemps vos

---

1. M. Letellier est intervenu directement pour faire voter par la Chambre le crédit de cinquante millions, demandé par Tirman.

devoirs de Français à une sotte ambition ! Que vous importe le mécontentement de ces youddis qui se servent de vous, mais qui ne vous aiment pas ! Si vous n'êtes plus leur élu, aux prochaines élections, ne serez-vous pas fier d'être celui des Français ?

Vous craignez un échec, nous direz-vous ? Mais s'il en était ainsi, ne seriez-vous pas heureux de pouvoir dire : je n'ai pas eu assez de voix, mais je n'ai eu que celles des honnêtes gens. Du reste, soyez sans inquiétude à cet égard, car, d'ici cette époque, nous travaillerons dans l'intérêt général à rétablir l'entente entre tous les Français, et notre tâche sera d'autant plus facile que nous nous adresserons à des hommes décidés à combattre l'ennemi.

Cet appel que nous vous faisons, M. Bourlier, nous vous l'adressons aussi, M. Letellier ! Si nous venons à vous, c'est que, malgré vos compromissions, nous avons acquis la conviction, par notre enquête, que vous n'êtes pas encore tombé dans la fange où pataugent quelques-uns de vos collègues.

Nous ne pouvons pas dire toutefois que vous êtes exempt de reproches, mais nous croyons qu'il ne vous faudrait pas un grand effort pour reconquérir votre indépendance.

Dans quelques jours, vous allez être appelés à vous prononcer sur deux projets de loi qui intéressent l'Algérie au plus haut point, nous voulons parler du projet Michelin-Gaulier et des modifications budgétaires présentées par M. Tirman. Nous jugerons par votre vote, si notre voix est ou non restée sans écho.

M. Jacques, sénateur d'Oran, est, comme nous l'avons dit plus haut, allié aux Juifs ; son fils a épousé Mlle Lévy, fille du banquier d'Oran, deux fois déclaré en faillite. Cet homme est le valet des descendants d'Israël. Il reçoit directement de Kanoui et de quelques autres Juifs influents des ordres auxquels il se conforme sans la moindre restriction.

M. Jacques[1] est encore plus influent que

---

1. Le principal but des représentants juifs de l'Algérie

M. Mauguin. Il fait partie du clan juif, qui, en dehors des séances des Chambres, décide la ligne de conduite que doit tenir chacun de ses membres dans telle ou telle circonstance.

Nous avons reçu, contre ce sénateur peu scrupuleux, plusieurs plaintes de colons français qui ont été ses victimes. Tous les fonctionnaires de son département savent ce que leur coûterait leur refus d'obéissance aux Juifs!

Que de fois certains colons nous ont dit :

— Tel fonctionnaire a été injuste envers nous, mais nous savions qu'il n'agissait pas librement et nous ne lui en voulons pas!

Des fonctionnaires eux-mêmes (qu'ils soient sans crainte, nous tairons leurs noms) nous

---

est d'envoyer dans notre colonie des fonctionnaires disposés à servir le camp d'Israël.

Lors de chaque mouvement, Kanoui et Isaac donnent les noms de leurs protégés à MM. Manguin, Jacques ou Thomson, et ceux-ci interviennent directement auprès du Ministre compétent.

Nous avons eu sous les yeux une liste préparée par Mme Isaac (à l'adresse de Thomson), comprenant 5 administrateurs et 8 magistrats.

ont adressé quelques lettres pour nous exposer la situation dans laquelle ils se trouvaient vis-à-vis des youddis, et nous dévoiler les œuvres de M. Jacques. C'est dans l'intérêt même de ces malheureux employés, plus à plaindre qu'à blâmer, que nous ne publions pas certains faits qui aboutiraient à leur révocation.

MM. Étienne et Sabatier, les deux députés d'Oran, sont plus aimés de leurs électeurs français que leurs collègues d'Algérie.

M. Étienne n'est pas seulement député d'Oran, il est aussi membre du gouvernement. A ces deux titres, nous croyons devoir raconter la vie laborieuse de cet homme, encore jeune, qui semble animé des meilleures intentions.

M. Eugène Étienne est né à Oran le 15 décembre 1844; son père était originaire de la Charente, sa mère était Corse.

Après avoir terminé ses études aux lycées d'Alger et de Marseille, il se lança dans le mouvement politique. Il contribua à la fondation de divers groupes républicains et fut un de ceux qui travaillèrent avec le plus d'acharnement au renversement de l'Empire.

En 1868, il créa une maison de commerce qui eut bientôt des relations très suivies avec notre colonie africaine, mais, malgré l'importance croissante des affaires de la maison, il ne négligea pas la politique. Il fut un des plus ardents collaborateurs du *Peuple* et de *l'Égalité*, qui osaient, après douze années de compression, élever la voix en faveur de la liberté, de la démocratie, de la République!

Lorsqu'en 1869, Gambetta posa sa candidature à Marseille contre Thiers et M. de Lesseps, M. Étienne contribua pour une large part au succès de celui qui devait être plus tard son ami. Les républicains de la veille n'ont pas oublié avec quels applaudissements enthousiastes furent accueillis les résultats de cette lutte qui avait captivé l'attention de la France.

La proclamation de la République, après Sedan, ne mit pas fin aux luttes soutenues par ces jeunes démocrates qui avaient préparé la chute de l'Empire.

M. Etienne a conservé à Marseille, parmi ceux qui combattaient à ses côtés dans les rangs de la démocratie, de nombreux amis étonnés de trouver autant d'énergie aux jours de danger chez ce jeune homme d'un naturel si doux et d'un caractère si gai !

Lorsqu'en 1878, en récompense des services rendus, il fut nommé agent commercial des chemins de fer de l'État, il quitta avec regret cette ville où il s'était marié et où il avait fait ses premières armes.

Dans ses nouvelles fonctions, M. Étienne conquit bien vite l'estime de tous ceux qui étaient en relations avec lui. Grâce aux capacités dont il fit preuve, deux ans après son entrée dans l'administration, il fut nommé inpecteur général des affaires commerciales, et, un an plus tard, en 1881, inspecteur général de l'exploitation.

Au mois d'août de cette même année, les électeurs oranais, fiers à juste titre de leur compatriote, lui offrirent la candidature ; il accepta et fut élu par 2.242 voix.

M. Étienne n'avait pas trente-sept ans.

Dès son arrivée au pouvoir, le jeune député a fait partie des grandes commissions parlementaires, chemins de fer, voies navigables, etc.; pendant les années 1884, 1885, et 1886, il a été membre de la commission du budget.

Il est resté secrétaire de la Chambre de 1881 à 1885.

Cependant, il est un point sur lequel nous ne saurions nous prononcer : Est-il pour ou contre les Juifs ?

Comme nous l'avons dit en commençant ce chapitre, il est assez difficile, pour ne pas dire impossible, à un député algérien qui aspire à sa réélection, de conserver son indépendance. Ce que nous pouvons affirmer, c'est que, si M. Étienne n'est pas contre les Juifs, il n'est certainement pas contre les Français. Ce n'est jamais en vain qu'un de ses compatriotes s'est adressé à lui ; aussi lors des dernières élections législatives a-t-il obtenu la presque unanimité des suffrages (10.570 voix sur 11.883 votants).

Si tous les députés algériens avaient fait

comme lui, nous n'aurions pas autant d'injustices à déplorer. Il est certainement de ceux qui ne reçoivent pas d'ordres des Juifs, car ces vils exploiteurs ne lui diraient jamais d'obliger des Français.

Dans la campagne que nous entreprenons, si nous arrivons, comme nous l'espérons, à faire nommer, en Algérie, des députés français indépendants, nous sommes convaincu que M. Étienne travaillera avec eux au développement de la colonisation.

Pendant deux années consécutives, M. Étienne a été rapporteur du budget de l'Algérie, et en 1886 rapporteur du budget des colonies.

Ces divers rapports, nettement élucidés, prouvaient que le jeune Oranais connaissait admirablement le département des colonies; aussi, lors de la formation du dernier ministère, était-il tout désigné comme sous-secrétaire d'État, et son refus seul pouvait autoriser à chercher un autre titulaire.

M. Étienne est aujourd'hui au pouvoir; nous allons le voir à l'œuvre.

Un jeune publiciste, M. L. Bourne, donnait dans le *Parlement illustré* la biographie du député oranais, peu de temps après sa première élection, et nous avons constaté avec joie que ses prédictions se sont réalisées.

Comme tout homme qui débute dans cette vie active qu'on nomme le Parlementarisme, M. Étienne a commis des erreurs. Il a eu le tort, à la mort de Gambetta, de suivre la politique néfaste de M. Jules Ferry. C'est un reproche que nous pourrions adresser à beaucoup de députés, qui se sont depuis séparés de cet homme si funeste pour la France.

Nous aurons fréquemment à parler de M. Étienne avant les élections générales de 1889, et nous espérons qu'à cette époque, des candidats, indépendants comme lui, se porteront dans les autres départements de l'Algérie, et qu'alors, d'un commun accord, ils s'occuperont des réformes dont nous avons déjà parlé dans *l'Algérie juive*, mais que nous préciserons davantage au moment où la lutte sera engagée.

Le second député d'Oran, M. Sabatier, est un homme laborieux, qui, dès son arrivée à la Chambre, a préparé un rapport sur l'Algérie dont nous ne sommes pas partisan et que nous discuterons plus loin en parlant de la proposition Michelin-Gaulier.

Ancien administrateur, M. Sabatier connaît son département. Il est partisan des réformes, car il connait les causes du malaise général en Algérie.

Il n'aime pas les Juifs, mais, d'après son rapport, il est loin d'être d'accord avec nous, sur les armes à employer pour les combattre.

M. Sabatier est, ainsi que son collègue d'Oran, un des députés algériens en qui nous avons confiance.

Nous parlerons plus longuement du but qu'il poursuit, lorsque nous traiterons de la naturalisation des indigènes musulmans.

C'est du reste de la discussion que jaillit la lumière ; espérons qu'il se rangera à notre avis.

Nous lui demandons de conserver toujours

cette indépendance, qui lui a valu son élection contre son concurrent juif, M. Dessoliers.

M. Forcioli, sénateur du département de Constantine, est un ancien magistrat d'Algérie. En 1883, à l'époque de son élection, il était avocat à Constantine.

On ne saurait lui reprocher d'avoir soutenu ouvertement la cause des Juifs. S'il eût été élu aux dernières élections législatives, alors qu'il se portait contre M. Thomson, aurait-il été assez hardi pour plaider la cause de nos malheureux colons? Il nous serait difficile de répondre à cette question, mais nous reconnaissons que c'est déjà beaucoup d'avoir fait une campagne électorale contre les Juifs.

Les deux députés de Constantine, M. Thomson et son acolyte, le docteur Treille, sont littéralement vendus aux Juifs. Il est peu de Français qui n'aient eu à se plaindre de ces deux représentants qui, à l'époque des élections, venaient, d'une voix mielleuse et d'un ton hypocrite, faire à leurs électeurs des promesses qu'ils étaient bien décidés à ne pas tenir.

M. Thomson, petit-neveu de Crémieux, est un homme réellement dangereux pour nos colons, et ils ont tout intérêt à s'en débarrasser au plus vite.

M. Treille est certainement moins juif que son collègue, mais il est contraint de lui emboîter le pas s'il veut conserver son mandat de député. Il sacrifiera tout pour ne pas être sacrifié lui-même !

Aux élections d'octobre 1885, les Français, voulant enfin secouer le joug des Juifs, offrirent la candidature à M. Forcioli et à M. Fawtier. Les deux députés sortants, MM. Thomson et Treille, comprirent que la lutte serait vive et que leur succès était loin d'être assuré.

Les gros bonnets juifs se mirent ouvertement de la partie, et il fut décidé qu'on achèterait les voix des indécis.

Les Juifs employèrent de tels procédés pour faire élire leurs candidats que des protestations furent adressées de tous les points du département au ministère de l'Intérieur, et amenèrent une demande d'invalidation de MM. Thomson et Treille[1].

Malgré le honteux trafic des Juifs, M. Thomson n'obtenait que 6.213 voix et Treille 6.077, tandis que 5.698 suffrages s'étaient librement

1. M. Andrieux ne put que difficilement se procurer le dossier relatif aux élections de Constantine.

« Je savais, disait M. Andrieux à la tribune pour appuyer sa demande d'ajournement de la discussion relative aux opérations électorales du département de Constantine, que le dossier était arrivé au ministère. J'ai demandé au ministre ce qu'il était devenu et on m'a fait savoir qu'il était entre les mains de M. Duvaux, rapporteur du 11e bureau.

» Après avoir écrit à l'honorable M. Duvaux, sans avoir reçu de réponse, je me suis transporté au domicile de notre honorable collègue qui m'a fait savoir que les pièces n'étaient pas entre ses mains ; il a supposé qu'elles avaient été adressées à M. Versigny, président du 11e bureau. Je suis allé, poursuivant mes recherches infructueuses, (Sourires) au domicile de l'honorable M. Versigny. Il était absent, et il a bien voulu me faire l'honneur de me prévenir dans la soirée, par un télégramme, qu'il n'avait pas reçu les pièces dont il s'agit.

» Ce matin une démarche a été faite à la présidence de la Chambre, où le dossier annoncé n'était pas parvenu. Où était donc ce dossier, sorti hier matin, disait-on, du ministère de l'Intérieur, et qui n'était ni entre les mains de M. le Président du 11e Bureau, ni entre les mains de la questure ?

» Messieurs, nous avons dû supposer qu'il avait passé la journée entre des mains plus heureuses et plus privilégiées (sourires à droite). »

portés sur M. Forcioli et 5.221 sur M. Fawtier.

Les plus nombreuses et les plus graves protestations tendaient à établir que, pendant la semaine qui a précédé le vote et dans la journée du 4 octobre, les partisans de MM. Thomson et Treille auraient organisé et pratiqué le trafic des cartes électorales délivrées aux électeurs juifs.

Nous relevons à l'*Officiel* cette partie du discours de M. Andrieux, qui demandait l'invalidation :

« Dès que la mairie a distribué les cartes électorales, c'est-à-dire cinq ou six jours avant l'élection, on fait un pointage soigneusement établi des Israélites qui figurent sur les listes électorales; on leur adresse des courtiers qui viennent les trouver et réclament leurs cartes. Les Juifs donnent leurs cartes et reçoivent des arrhes sur le prix convenu. Le courtier emporte les cartes et les empile dans un magasin; le jour du vote, les Juifs viennent les chercher; elles leur sont remises; on forme des groupes de quatre à cinq personnes que l'on fait accompagner par des surveillants jusqu'à la porte de la mairie et ce n'est qu'à leur sortie qu'on leur compte le complément du prix. C'est ainsi qu'ont voté presque tous les électeurs israélites de Constantine, je ne dis pas seulement de la ville de Constantine, mais de la province tout entière. »

Parmi les nombreuses protestations qui ont été envoyées, il en est une que les adversaires de MM. Thomson et Treille ont relevée avec soin, parce qu'elle émane d'un honnête indigène, le lieutenant de spahis Soliman ben Slimar, qui avait été nommé chevalier de la Légion d'honneur à la suite de brillants services militaires.

Nous la donnons textuellement :

« Je soussigné, Soliman ben Slimar, lieutenant de spahis en retraite, chevalier de la Légion d'honneur, déclare avoir vu moi-même (ce qui m'a indigné) acheter de nombreux votes de Juifs, le jour de l'élection du 4 octobre. »

Pendant que M. Andrieux donnait lecture de cette pièce, Raoul Duval fit ressortir, une fois de plus, l'iniquité du décret Crémieux :

— Et cet homme n'est pas électeur, tandis que les Juifs le sont! s'écria avec dégoût le futur créateur de la droite républicaine.

Un courtier électoral, nommé Guédy, et

les employés de M. Puech, banquier, conseiller général, étaient chargés de payer les Juifs à raison de 5 fr., 10 fr., 15 fr., et même 30 francs chacun, pour les faire voter pour MM. Thomson et Treille. Ils ont même amené en calèche, au scrutin, un vieux Juif et lui ont donné 20 francs.

Pour le Juif d'Algérie, le bulletin de vote n'est pas autre chose qu'une marchandise comme une autre et plus facilement négociable qu'une autre en période électorale.

M. Andrieux donne également la lecture d'une protestation de M⁰ Gaudry, ancien magistrat, bâtonnier de l'ordre des avocats à Constantine.

« Je passais rue Caraman, dit M⁰ Gaudry, lorsque quelques personnes vinrent à moi et me dirent :

» — On a installé à Dar-el-Bey un bureau pour acheter les cartes des électeurs ; nous avons voulu empêcher ce trafic honteux par notre surveillance, la police nous a chassés et a frappé l'un de nous.

» Je me rendis chez le commissaire central

et lui racontai ce que j'avais vu. Il me répondit qu'il connaissait l'état de choses que je lui signalais, qu'il avait mis un agent aux abords de Dar-el-Bey, mais qu'il ne voyait pas comment il pourrait intervenir directement.

» Je dois ajouter que Dar-el-Bey n'était pas le seul endroit où l'on achetait et distribuait les cartes. De mes appartements, j'ai pu voir, le matin à sept heures, des groupes de huit à neuf Juifs indigènes, conduits par le chaouch de M. Martin, notaire, et Pinas Attali, ancien expéditionnaire au tribunal civil, stationner sur la porte du sieur Sfar[1], membre du consistoire israélite, et en sortir avec de l'argent à la main (deux à trois francs en moyenne).

» Le nommé Jacob Chamat, demeurant rue Grand, faisait appeler chez lui les Israélites indigènes, qui, moyennant cinq francs, lui remettaient leurs cartes d'électeur. Le jour du vote, ledit Chamat amenait à la salle du

1. Le 20 juin dernier, le tribunal de commerce a prononcé la faillite du Juif Sfar, parti pour l'étranger.

vote les individus propriétaires de ces cartes avec un bulletin qu'il leur remettait.

» Ce fait s'est passé publiquement et nombre d'électeurs peuvent l'affirmer. »

Le sieur Colin avait adressé la protestation suivante :

« Je soussigné, Colin Théodore, géomètre du service topographique en retraite, déclare avoir vu, le 4 octobre au matin, dans le corridor conduisant à la salle du scrutin, un Israélite indigène remettre leurs cartes d'électeur à sept de ses coreligionnaires. »

Nous n'en finirions pas si nous devions raconter tous les trafics des Juifs pendant cette campagne électorale. On ne se contentait pas d'acheter les voix des youddis, on procédait par l'intimidation auprès de certains colons, et par les menaces vis-à-vis de quelques fonctionnaires. Cependant la Chambre n'a pas voté l'invalidation !

On n'est plus élu député de Constantine, on achète le mandat pour quatre ans, comme on loue une boutique au bazar Narboni pour trois, six ou neuf années.

M. Thomson songe déjà aux élections de 1889 ; il prévoit les difficultés qu'il aura à se faire réélire, aussi semble-t-il disposé à sacrifier M. Treille et à porter M. Forcioli !

Nous espérons que M. Forcioli n'acceptera pas un tel compromis. Si nous désirons le voir siéger à la Chambre des députés, c'est à la condition qu'il y entre libre de tout engagement.

Lorsque nous publierons les *élections antijuives*, nous indiquerons les candidats qui, à notre avis, seront disposés à conserver leur indépendance et nous demanderons à nos compatriotes de voter sans hésitation pour des Français disposés à soutenir leurs intérêts.

VIII

LES MINISTÈRES COMPLICES

Les Juifs de France ont fait bénéficier de leur funeste influence leurs coreligionnaires d'Algérie : des esclaves d'hier, ils ont fait des seigneurs d'aujourd'hui.

Ce que M. le baron de Rothschild veut, le gouvernement français le veut, et M. le baron de Rothschild a voulu que, dans notre colonie africaine, Français et Arabes soient les vassaux des usuriers Juifs !

Pour que leur puissance ne puisse être contestée, les plus hautes fonctions dans l'armée, dans la magistrature, dans l'administration ont été confiées à des hommes qui leur étaient tout dévoués.

Actuellement dans la presse, dans les *affaires*, dans le commerce, le Juif indigène est roi, roi absolu, roi de par son or; il fait la hausse et la baisse, épuisant, ruinant toutes les branches à son profit, s'enrichissant toujours, sans scrupule, sans pudeur, par tous les moyens.

Or du vol, or de la prostitution, or de quelque source impure qu'il provienne n'a pas d'odeur : c'est de l'or, voilà tout.

La royauté des Rothschild existe tellement en fait, qu'il n'est pas un ministre qui ose outrepasser ses ordres. Ceux qui, comme M. de Freycinet, ont essayé dès le début de rester dans la légalité, ont bien vite compris que, s'ils ne voulaient couler à fond, ils devaient se laisser entraîner par le courant, — et ils se sont rendus.

Pour préparer leur avènement, les Juifs ont placé à la tête du mouvement révolutionnaire deux des leurs, Crémieux et Gambetta, qui, profitant de la terrible situation où se trouvait la France, se sont joués de notre confiance. Ils sont arrivés même, grâce à leur hypocrisie, à se faire acclamer par ceux qui étaient appelés à devenir leurs victimes.

Crémieux et Gambetta, auxquels s'était adjoint le Juif Jules Simon (Simon Suisse), ont profité de leur influence pour attirer à eux les J. Favre, Picard, Ferry, Grévy, Brisson, Duclerc, Goblet, etc., qui, poussés par une sotte ambition, ont accepté toutes les propositions des Juifs.

Gambetta a d'autant plus facilement caché son jeu qu'on ignorait encore en France ce qu'étaient les Juifs. Le futur dictateur avait percé comme avocat dans le procès Baudin. Il s'était posé en républicain sous l'Empire, et c'était là un titre suffisant, auprès d'un peuple confiant, pour arriver au pouvoir.

Personne n'avait de renseignements précis sur Gambetta ; on savait seulement qu'il était le fils d'un petit commerçant de Cahors. Depuis on a fait quelques recherches et on a bien vite connu l'origine du grand orateur.

Au temps du blocus continental, un Juif wurtembergeois, nommé Gamberlé, se fixa à Gênes et fit le commerce du café et la contrebande. Il épousa plus tard une Juive du pays dont un des parents avait été pendu, et il italianisa son nom, en s'appelant Gambetta. Le fils ou le petit-fils vint s'établir à Cahors et donna à la France le grand homme qui devait faire triompher la cause des Juifs.

Gambetta a joui pendant longtemps d'une popularité que s'expliquent difficilement ceux qui l'ont étudié de près.

Il avait toujours soin de s'effacer pour diriger la barque gouvernementale.

Quelques fanatiques ont prétendu qu'en 1877, Gambetta avait sauvé la République. C'était là une très grave erreur ; la République a triomphé parce que le verdict de la nation a été en sa faveur.

Dans ses nombreux discours, Gambetta a profité de son talent oratoire pour éblouir son public, et lorsque, parlant de Mac-Mahon président de la République, il a dit : « il faut qu'il se soumette ou qu'il se démette », il n'a pas été un grand devin. Il était évident qu'ayant tenté un coup d'État, le président serait obligé de se retirer en cas d'échec.

Ce n'était pas par patriotisme que le grand discoureur cherchait à ranimer la confiance des républicains, mais bien pour faire triompher les Juifs. Une monarchie n'aurait pas toléré alors l'empiétement de ces parasites.

L'avocat juif avait si bien joué son rôle que, jusqu'en 1882, on le considérait presque comme le sauveur de la France. On se demandait bien tout bas comment cet homme, qui avait débuté sans le sou, avait pu se constituer une fortune de plusieurs millions, mais on n'allait pas plus loin.

Malheureusement tout ici-bas a une fin. Gambetta dut sortir des coulisses pour se mettre en scène. Il se montra alors tel qu'il était et lorsque le rideau tomba, le public l'avait jugé.

Les électeurs de Belleville, qui lui avaient donné, en 1877, la presque unanimité des suffrages, lui prouvèrent qu'ils ne voulaient plus être représentés par un dictateur. Ils savaient désormais ce que valaient les promesses d'un Juif.

A la chute du grand ministère, en janvier

1882, Gambetta jugea prudent de s'effacer momentanément. Il ne devait plus paraître sur la scène. Le drame de Ville-d'Avray est resté un mystère.

Si Gambetta était mort trois ans plus tôt, on n'aurait pu émettre quelques doutes sur son dévouement à la cause démocratique. En quelques mois, il s'était démasqué et avait montré clairement son véritable but.

On reprochera toujours à celui qu'on osait appeler le grand patriote d'avoir, après l'affaire tunisienne, ruineuse pour le pays, entrepris cette funeste campagne du Tonkin qu'allait continuer M. Jules Ferry, l'affilié des Juifs.

Relativement à la question juive en Algérie, nous nous bornerons à dire que Gambetta, qui avait été le complice de Crémieux pour le fameux décret de naturalisation des Juifs indigènes, continua plus tard l'œuvre du président de l'Alliance israélite universelle. Il a été, sur l'avis de Kanoui et Isaac, le puissant ordonnateur de tous les décrets relatifs aux indigènes musulmans, dont nous avons parlé dans l'*Algérie juive*.

Il se gênait si peu avec les hommes de sa suite pour émettre son opinion sur les Algériens, que l'un deux, M. Charles Ferry, n'a pas craint de répéter, au sein même d'une commission dont-il faisait partie, qu'à part les fonctionnaires, il n'y avait en Algérie, en fait de Français, que des *tarés et des buveurs d'absinthe.*

Cette insulte gratuite, à l'adresse de nos nationaux, montre bien jusqu'où va le mépris d'une grande partie de nos représentants pour tous ceux qui ne sont pas Juifs.

A la mort de Gambetta, les Juifs ont offert le pouvoir au vosgien Jules Ferry qui leur avait déjà donné des preuves de son dévouement.

M. de Freycinet, plusieurs fois déjà appelé à la présidence du conseil, avait été renversé par les Juifs, dont il n'avait pas voulu servir les intérêts. Plus tard, poussé par l'ambition, il a consenti à entrer dans le camp de nos ennemis, mais nous devons reconnaître qu'il n'a jamais retiré le moindre bénéfice de toutes les affaires véreuses pour lesquelles les Juifs exigeaient son concours.

L'ancien ministre des affaires étrangères est certainement un de nos meilleurs diplomates. S'il eût essayé de conserver son indépendance, il eût été appelé un jour par les Français, redevenus maîtres chez eux, à présider aux destinées de la France.

Malheureusement, ce qui domine en M. de Freycinet, c'est, suivant l'expression de M. Drumont, la lâcheté intellectuelle et morale ; c'est cet abaissement de caractère qui a mis tout ce qu'il y avait d'honnête en France à la merci des Juifs.

M. de Freycinet est resté honnête au fond. Chaque fois qu'il a été appelé à soutenir devant les Chambres tel ou tel projet de loi, présenté par les Juifs, nous l'avons vu hésiter, et souvent même il a été sur le point de se retirer. Mais Eugène Mayer était là, et lorsque le premier ministre ne se conformait pas immédiatement aux ordres des Juifs, il lui disait, lui mettant le couteau sur la gorge : « Il faut vous exécuter, nous le voulons ».

Qui ne voit, dans chaque coup de bourse,

un véritable coup d'État, préparé, grâce à la complicité du ministère, au profit de la banque juive contre une association de capitalistes français ? Qui ne sait que nos hommes d'État retirent toujours une part de l'argent volé aux actionnaires ? Mais ce qu'on ne s'explique pas, c'est qu'un homme protège les voleurs, sans accepter la moindre compensation !

C'est cependant ce que vous avez toujours fait, M. de Freycinet ! Vous détestez les Juifs, et vous les servez !..... Si vous ne vous sentez pas assez fort pour gouverner, pourquoi acceptez-vous le pouvoir ?

Pour obéir aux Juifs, vous agissez contre vos idées. Lorsqu'ils vous ont dit : « il faut expulser les princes ! » vous avez protesté. Mayer a insisté ; vous avez vous-même demandé l'expulsion à la Chambre, et l'avez obtenue.

Pourquoi n'avez-vous pas imité M. Baïhaut, ministre des travaux publics, qui a préféré se retirer, plutôt que d'accepter certain marché dont vous aviez connaissance ?

Pour le remplacer, les Rothschild vous ont imposé le Juif Millaud, sénateur du Rhône, et vous vous êtes incliné devant la volonté de ces rois de la Finance.

Direz-vous pour votre défense que votre bonne foi a été surprise ? Vous deviez cependant savoir par expérience combien sont peu sincères tous ces cris de : Vive la France ! Vive la République ! si fréquemment poussés par les Juifs de l'entourage de M. Ferry ? Ces individus jettent ces cris dans leurs journaux et dans leurs discours, comme ils crient un cours à la Bourse. Vous savez ce qu'il faut penser de ce patriotisme de pacotille, dont les bénéfices nets se traduisent par des hôtels au parc Monceau que se font bâtir les Juifs allemands de Paris[1] !

Depuis la mort de Gambetta, nous avons vu se succéder au pouvoir les Ferry, de Freycinet, Brisson, Goblet et enfin Rouvier, dont l'influence a été si néfaste pour la France et pour l'Algérie.

1. Voir sur le rôle de la banque judaïco-allemande, FRANÇOIS LOYAL, l'*Espionnage allemand en France*.

Sous le ministère de M. Jules Ferry, nous trouvons :

Aux travaux publics, le Juif Raynal, commissionnaire en marchandises à Bordeaux, qui a réussi à faire voter les conventions sur les chemins de fer.

A l'intérieur, le pommadé Waldeck-Rousseau, qui a casé dans les préfectures et les sous-préfectures tous les Juifs qui restaient encore sur le carreau.

A la justice, M. Martin-Feuillée, qui a fait, en Algérie surtout, une épuration complète des magistrats. Cet homme a toujours entretenu une correspondance privée avec Kanoui, qui, de concert avec M. Pompéi, préparait les nominations.

A cette époque, les Youddis étaient d'une telle insolence avec les fonctionnaires, qu'ils menaçaient hautement de révocation ceux qui ne se conformaient pas à leurs ordres.

MM. Waldeck-Rousseau et Martin-Feuillée approuvèrent la conduite de M. Tirman et de M. Firbach, lors des troubles d'Alger.

Ils ne daignèrent pas répondre aux protestations des Français indignés [1].

A la même époque et toujours sur la demande de Kanoui, ils essayèrent d'étouffer l'affaire des frères Touboul (émission de fausse monnaie). N'ayant pu réussir, ils chargèrent leur ami Devès d'aller défendre les accusés.

Ces deux ministres, dont on conservera longtemps le souvenir en Algérie, ont essayé d'exproprier les Arabes au profit des Juifs. La Chambre ayant refusé les 50 millions demandés par M. Tirman, ils ont approuvé les expropriations faites illégalement par ordre du gouverneur.

Nous publierons plus tard, dans les *Elections anti-juives en France et en Algérie*, la biographie des associés de M. Jules Ferry.

MM. Brisson, de Freycinet et Goblet, bien que fort compromis avec les Juifs, sont allés

---

1. Plusieurs dépêches, adressées au ministre de l'intérieur, sont restées sans réponse. Nous avons eu en mains quelques-unes de ces dépêches où on signalait au ministre compétent la conduite des administrateurs d'Alger.

moins loin que M. Ferry. C'est du reste pour ce motif qu'ils ont été obligés de se retirer.

Ils ont sans doute été effrayés par l'importance que prenait chaque jour la question juive, soulevée par M. Drumont, et sans s'aliéner les Juifs, ils n'ont pas osé les servir trop ouvertement.

Après les élections de 1885, les Juifs ont été tellement heureux de voir qu'un des leurs, Simon dit Lockroy, était le premier élu du département de la Seine, qu'ils l'ont aussitôt désigné à M. Grévy comme titulaire d'un portefeuille.

L'ex-ministre du commerce [1] s'est bien vite fait connaître à ses électeurs, qui, aux prochaines élections législatives, ne lui donneront plus leurs suffrages. Cet homme d'une incapacité notoire, sur le conseil de ses coreligionnaires et avec le concours d'Eiffel et Ollendorff, a fait admettre par ses collègues le projet de construction de cette fameuse

---

1. Edmond-Étienne-Antoine Simon, dit Lockroy, s'est montré, dès qu'il a été au pouvoir, fier et arrogant avec ceux qu'il appelait naguère ses amis.

tour de 300 mètres de hauteur, comparée avec raison à la tour de Babel.

« L'exposition de 1889, disait M. Lockroy, sera notre exposition. » Il espérait sans doute décorer tous les Juifs par un décret collectif, comme Crémieux avait naturalisé tous les Juifs indigènes.

Le sénateur du Rhône, M. Millaud, appelé à remplacer M. Baïhaut sous le ministère Freycinet, avait été conservé par M. Goblet sur la demande des Rothschild.

Le ministère Goblet, qui n'était que le ministère Freycinet, sans Freycinet, est tombé sous la coalition des Juifs de toutes les nuances, par la seule raison qu'il refusait de continuer la politique de Jules Ferry.

Dès l'arrivée au pouvoir de l'association Rouvier, Barbe, Hérédia, etc., les Juifs d'Algérie accablent de demandes le nouveau président du conseil.

Ils obtiennent le décret du 27 juin qui n'est autre chose que l'intrusion en Algérie. de la régie et des gabelous ou *rats-de-cave*, en vue de l'impôt sur les propriétaires de vignes, distillant leurs vins, autrement dit « Bouilleurs de cru ».

Tous les propriétaires de vignobles ont protesté contre ce décret qui était illégal, puisqu'on ne peut ni créer, ni percevoir un impôt nouveau, en vertu d'un simple décret, se déguisât-il sous le titre menteur de *règlement d'administration publique*.

Il est d'usage, du reste, en ce qui concerne l'Algérie, d'user et d'abuser de ce moyen commode, pour tourner la loi et se soustraire à la discussion publique du Parlement.

Ce premier résultat obtenu, nos braves youddis expédient M. Tirman à Paris pour faire comprendre au gouvernement l'avantage qu'ils retireraient du budget autonome de l'Algérie.

Comme ce brave Tirman serait heureux d'avoir son budget spécial algérien, son petit budget autonome, gentil, coquet, quelque chose de *propret*, 50 à 60 millions !...

Quelle aubaine ! Et surtout quelle charmante préface à son élévation royale ! Quel séduisant frontispice du Palais ! Un budget de 60 millions à tripoter avec les féaux et amis... ô riant mirage !

Mais c'est un morceau autrement difficile à faire gober, que la sottise des décrets sur l'exercice en Algérie et les bouilleurs de cru. Malgré tous les ballons d'essai lancés par commère Havas, gonflés et renflés par leurs compères, le « budget autonome » et, avec lui, le « gouvernement algérien » arriveront malaisément à terme, bien loin d'être, hélas ! choses conquises et victoire gagnée.

Tout était prêt pourtant, admirablement préparé, et rien n'était facile comme l'installation de la royauté Tirman.

N'avait-elle pas sa *charte constitutionnelle*, dans le code de l'*Indigénat* ou de la matraque ? Trois millions d'hommes soumis à son empire, conduits comme un troupeau, taillables et corvéables à merci, et, avec ce peuple asservi, les grands chefs et barons féodaux dociles, seigneurs de la tente, sinon de donjon ?

Quelle source inépuisable pour le futur

budget spécial et la caisse noire! Quel Pactole où puiser sans cesse et toujours !

L'organisme est déjà au grand complet :

Préfets, sous-préfets, chefs et commandants militaires, administrateurs et bureaux arabes : tout un monde militaire et civil, prêt à obéir à l'ordre de M. Tirman.

Ses justiciers, depuis les juges de paix *phénomènes*, à compétence étendue, jusqu'à ses premiers présidents de cour, confits en dévotion, jusqu'à ses chefs de parquet, dévoués quand même et toujours à la docte autorité ; depuis celui qui condamne, jusqu'à l'exécuteur des hautes œuvres : tout est là, obséquieux, obéissant, prêt à se courber devant sa loi, sous son injonction royale !

Pour son armée ? *Cedant arma togæ*, quand il parle ; le contraire, si la toge faisait mine de résistance.

Sa presse — est-il besoin de le rappeler ? — appelle, espère le jour et l'heure, pour célébrer les vertus de la royauté nouvelle, et porter au loin sa gloire immense !

Il ne manquerait plus au vice-roi qu'une

« légion d'honneur », un ordre de chevalerie quelconque.

A ceux de nos amis qui demandaient la suppression du gouverneur général, les amis de la maison, c'est-à-dire les Juifs, essayèrent de démontrer que le mal provenait, non du gouverneur général même, mais de l'insuffisance de son pouvoir!

Les Juifs d'Algérie tiennent cette colonie sous le régime du Caprice et du *Décret*, autonomie bâtarde qui livre nos trois départements algériens au gouvernement personnel, et les prive de la garantie générale de la loi.

Le gouvernement général est incompatible avec la loi ; le régime du décret lui est nécessaire, c'est son essence même. Du jour où la loi générale protégerait l'Algérie, de même qu'elle protège les autres départements de la France continentale, le gouverneur général ne serait plus qu'une boîte aux lettres, un simple surveillant des trois préfets, une sorte de commissaire ou d'agent politique. Il ne servirait à rien, c'est vrai; mais il ne ferait plus de mal!

M. Tirman est parfaitement convaincu de cette vérité. Mais il n'en caresse pas moins l'espoir de conserver longtemps son plantureux pachalick, même d'étendre son pouvoir, et de se constituer une sorte de vice-royauté, avec son budget autonome et spécial.

Il s'est dit qu'avec les camarades Thomson, Kanoui, Mauguin et Jacques, on pouvait tout oser sous le ministère Rouvier. De là, le fameux projet du budget algérien, ce pivot nécessaire, cette base, selon lui inébranlable, de l'extension de son pouvoir.

Tous ces projets des Juifs, tant grotesques soient-ils, ont été caressés par ces hommes à *tout faire*, qui entourent les rastaquouères du ministère Rouvier-Ferry, de complicité avec le gouverneur Tirman.

C'est avec eux que s'est fait le « mauvais coup » de l'intrusion en Algérie, de l'excise sur les distilleries et des *rats-de-cave*.

C'est avec eux encore que se prépare, se triture le fameux budget spécial algérien, — en attendant que M. Tirman et ses complices puissent le tripoter tout à leur aise, dans sa vice-royauté algérienne !

Mais il y a loin de la coupe aux lèvres ! Et nous avons le ferme espoir qu'il en sera des illusions de Tirman et des Juifs, comme du *pot au lait* de Perrette, et qu'avec la disparition du ministère Rouvier, le gouverneur Tirman, poursuivi par la clameur populaire, s'écriera bientôt comme la Perrette de la Fontaine :

« Adieu, veau, vache, cochon, couvée ! »

Tous ces faits établissent nettement que les Juifs d'Algérie, représentés par M. Tirman, ne peuvent rien sans la complicité du gouvernement.

Voyons maintenant quels bénéfices ils ont su retirer jusqu'à ce jour de la présence au pouvoir de leurs complices.

A la chute de Mac-Mahon, le Juif Gambetta usa de toute son influence pour faire nommer M. Jules Grévy, président de la République. Ce dernier avait pris par suite des engagements, auxquels il n'a jamais failli et qui l'ont mené loin.

La nouvelle de cette élection fut accueillie

avec joie à Berlin : elle était le signal de l'acceptation du pacte que rêvait M. de Bismarck, le signal de la livraison de l'Algérie aux Juifs, aux coreligionnaires de Beichröder.

Pour se conformer à ses engagements, Gambetta envoya en Algérie des fonctionnaires juifs ou salariés par les Juifs.

C'est alors que commença l'exploitation des Arabes par les Juifs.

Les youddis guettent l'Arabe comme l'araignée guette la mouche. Ils l'appellent, essaient de lui prêter cent sous contre un billet qu'il signera. L'indigène sent le danger, hésite, ne veut pas; mais le désir de boire et d'autres désirs encore le tiraillent : cent sous représentent pour lui tant de jouissances ! Il cède enfin, prend la pièce d'argent et signe le papier graisseux. Au bout de deux mois, il doit dix francs, vingt francs au bout de quatre mois, cent francs au bout de huit mois ou un an. Alors le Juif fait vendre sa terre, s'il en a une, ou sinon, son chameau, son cheval, son bourricot, tout ce qu'il possède enfin.

M. de Bismarck, ne pouvant croire à tant

de naïveté, de la part des Français, envoya directement des espions en Algérie pour s'assurer que ses ordres étaient fidèlement exécutés.

Le grand chancelier espère que les Arabes expropriés quitteront le sol natal, ou se révolteront une dernière fois contre les Français qui les extermineront.

Il fallait plusieurs années peut-être pour obtenir ce résultat. On songea alors aux expéditions lointaines. On commença par celle de Tunisie pour continuer plus tard par celle du Tonkin.

Les Juifs demandaient, d'ailleurs, la Tunisie en compensation de leurs services.

Mais M. Jules Ferry, auteur de la politique gambettiste, n'oubliait pas l'Algérie. Après avoir expédié au Tonkin plusieurs milliers de tirailleurs, parmi lesquels un grand nombre de volontaires, il songea à l'expropriation des indigènes.

Crémieux avait profité de la campagne contre l'Allemagne pour décréter la naturalisation collective des Juifs indigènes; M. Ferry voulut profiter de l'expédition du Tonkin, pour arriver à l'expropriation collective des Arabes.

M. de Bismarck avait approuvé ce procédé, qui lui avait été soumis par les Juifs, et il en avait avisé M. Ferry. Il avait du reste hâte d'arriver au dénouement du complot si hardiment tramé. Il craignait en outre de voir la majorité refuser son concours à celui qui servait si bien ses projets.

M. Tirman se rendit lui-même à Paris pour appuyer le vote des cinquante millions. Nous avons déjà dit que le crédit avait été refusé.

M. Ferry ne comprenait pas que sa majorité l'ait abandonné. Mais il n'était pas homme à reculer. La Chambre n'avait pas voulu l'expropriation des Arabes, eh bien ! il ferait l'expropriation sans la Chambre !

Il laissa alors plein pouvoir à M. Tirman, qu'il savait dévoué aux Juifs, en l'engageant toutefois à aller progressivement.

Les Juifs étaient tellement assurés de la complicité du gouvernement, qu'ils devenaient de la dernière insolence avec les Arabes [1].

C'est alors que leurs insultes, adressées aux braves tirailleurs qui allaient verser leur sang pour la France, au moment de leur départ pour le Tonkin, amenèrent les émeutes dont nous avons parlé dans l'*Algérie juive*.

Non contents de tomber sur les Arabes, ils s'adressent également à nos nationaux qu'ils traitent de « sales Français ». Ce fut du reste là la cause des troubles d'Alger en juin 1884.

Tous ces faits se sont passés sous le ministère Ferry, qui y prêtait la main.

---

1. L'anecdote suivante peut donner une idée exacte de ce qu'étaient autrefois les Juifs, aux yeux des Arabes :

« Dans une affaire d'assassinat, le président des assises interroge un Arabe appelé comme témoin :

— Quelles étaient les personnes présentes au moment du crime ?

Le témoin désigna tous les indigènes et deux Européens.

— Il n'y avait pas d'autres témoins ?

— Non, mon président.

— Cependant on m'a désigné un tel (et il nomma un Juif).

L'Arabe, ahuri, ne comprend pas qu'on puisse invoquer le témoignage d'un Juif et il répond d'un ton tout à fait naturel :

— Mais, mon président, il y avait aussi des chiens, et on ne les a pas convoqués comme témoins. »

M. de Bismarck voyait enfin approcher le jour où la France allait lui être livrée, pieds et poings liés, par Ferry et ses complices !

Malheureusement pour le grand chancelier, les nouvelles de plus en plus alarmantes, qui nous arrivaient du Tonkin, commençaient à préoccuper sérieusement l'opinion publique. Les députés ne pouvaient fournir aucune explication, du moment que M. Ferry ne leur donnait connaissance d'aucune dépêche officielle et se bornait à leur répéter : « Ayez confiance en moi ».

Dans tous les départements, on savait que nos soldats mouraient par milliers sous les balles, du typhus, du choléra, du climat ; que les hôpitaux étaient pleins de malades et vides de médicaments !

Enfin, la dépêche de Lang-Song culbuta le ministère Ferry.

Tout différent fut le rôle du ministère dans lequel siégeait le général Boulanger.

En moins d'une année, il avait acquis une popularité bien méritée.

La guerre, redoutée il y avait quelques

mois, ne nous effrayait plus. Le ministre de la guerre avait dit que nous étions prêts à nous défendre si nos voisins d'outre-Rhin nous attaquaient et on savait que ce soldat ne mentait pas.

En Algérie, les Juifs avaient perdu de leur prestige. Le gouvernement dont faisait partie le général Boulanger n'avait pas consenti à prêter la main à leurs manœuvres. On ne refusait plus la naturalisation aux Arabes qui en faisaient la demande, et ceux-ci étaient prêts à fournir les preuves de leur reconnaissance.

Bismarck, averti par ses espions, voyait avec peine l'accroissement considérable de nos forces. Au lieu de la nation épuisée qu'il avait espérée, il voyait se dresser devant lui une puissance redoutable.

Il demanda alors appui aux Juifs de France et le ministère Goblet-Boulanger tomba.

IX

ARABES ET JUIFS

M. Drumont a souvent fait allusion, dans la *France juive*, à la reconnaissance qu'éveille dans le cœur du musulman tout acte honnête et droit. Nous qui avons étudié l'Arabe de près, nous ne craignons pas d'affirmer que, pour ceux qui s'intéressent à lui, il n'hésiterait pas à faire le sacrifice de sa vie.

Le capitaine Villot, racontant les scènes qui se passèrent à Constantine à la nouvelle du désastre de Sedan, dit : « On avait jeté sur le pavé le buste de l'Empereur. Quelques indigènes en ramassèrent les débris et les emportèrent. »

Ces malheureux illettrés, qui n'avaient pas les moindres notions des diverses formes de gouvernement, s'étaient rappelés que le vaincu de Sedan [1] leur avait rendu visite, alors qu'il était dans tout l'éclat de sa puissance, qu'il avait empêché leur dépossession et préparé leur assimilation.

Tout récemment un brave indigène, Taieb ben Kahal, lieutenant au 3ᵉ spahis, nous répétait les éloges que lui avait adressés l'Empereur, alors qu'il était enfant.

— Sous l'Empire, nous disait-il, les Arabes étaient admis gratuitement dans les lycées français. Un jour, Napoléon, qui visitait le lycée de Constantine, me fit passer au tableau et me chargea d'écrire quelques phrases en français. Satisfait de moi, qui lui avais été signalé par le professeur comme un des meilleurs élèves, l'Empereur me donna quarante francs en me disant :

---

1. Napoléon III s'intéressait beaucoup aux Arabes. Les Rothschild, qui songeaient déjà à livrer cette colonie à leurs coreligionnaires indigènes, comprirent qu'ils n'auraient des chances de réussir qu'à la chute de l'Empire.

« Je veux que les Arabes soient instruits pour être aptes à défendre leurs droits. Nous recevrons tous ceux qui solliciteront la qualité de Français et nous vous protégerons tous indifféremment. »

— Je n'ai jamais oublié ces paroles, ajouta Taieb, et je me souviendrai toujours de l'Empereur.

On voit par ce simple récit jusqu'où va la reconnaissance de nos indigènes musulmans.

L'attachement qu'ils avaient pour l'Empereur, ils étaient bien décidés à le continuer à nos gouvernants, si ceux-ci n'avaient travaillé à leur ruine.

Les Arabes ont, du reste, une telle sympathie pour la France, que ceux mêmes, qui ne sont pas sous notre dépendance, nous donnent chaque jour des preuves de leur dévouement.

Nous reproduisons à cet égard une allocution du chériff d'Ouazzan [1] (Maroc), aux indigènes placés sous ses ordres :

1. Notre grand protégé français.

« Je me suis mis à l'ombre du drapeau français parce que des envieux et des jaloux me voulaient du mal. Le sultan, notre maître, a écouté des bouches perverses : ma vie, qui vous est chère, se trouvait en danger ; aussi, pour vous la conserver, j'ai demandé la protection de ce grand pays : la France ! qui veille sur moi comme une mère veille sur son enfant chéri. Dieu nous commande d'aimer ceux qui nous obligent, vous devez donc aimer ce pays parce qu'il vous oblige aussi.

» En lui prêtant vos bras puissants, il vous paie généreusement, et il vous traite comme il traite les siens. Soyez justes, équitables envers tous vos coreligionnaires algériens, et, si ceux-ci vous font du mal, adressez-vous aux magistrats français.

» Les Français sont vos amis, puisqu'ils vous font manger, vous, vos femmes et vos enfants, par votre travail ; vous devez les aimer parce qu'ils sont vos pères et vos protecteurs. Aussi le jour où la France aura besoin de vous, vous devez être prêts à verser votre sang pour elle ! »

Quelle différence entre ce langage et celui des Juifs que nous avons élevés jusqu'à nous.

— Vous n'êtes pas Français pour servir la France, répète continuellement Kanoui à ses coreligionnaires, mais pour dépouiller ceux qui ne sont pas de votre religion.

Un de nos correspondants oranais, M. Belin[1], actuellement installé à Tanger pour étudier le Juif marocain, nous communique une note qui donne une idée du mépris qu'ont encore aujourd'hui les chefs indigènes pour les Juifs enrichis à nos dépens.

M. Benchimol, Juif marocain, chevalier de la Légion d'honneur, interprète à la Chancellerie de France, avec rang de consul honoraire, toujours de France, banquier archi-millionnaire, négociant, agent des compagnies de navigation la *Transatlantique*, *Paquet* et autres, grand fabricant de pluie et de soleil à la douane de Tanger, s'était rendu à Fez,

---

1. M. Belin n'épargne ni son temps, ni son argent pour démasquer les Juifs. Nous ne pouvons qu'approuver hautement l'énergie dont il a fait preuve, en maintes circonstances.

près de l'Empereur du Maroc, envoyé, disait-on, pour une mission toute diplomatique.

Après renseignements, nous avons appris que la mission dont il était chargé consistait en de magnifiques présents qu'il venait offrir au Sultan. Celui-ci s'est hâté de les refuser en disant au Juif :

— Garde cela pour ton gouvernement qui t'a fait assez riche; moi, je donne, c'est mon devoir, et j'ai conservé assez de dignité pour ne rien accepter de mon ancien sujet. Pour te présenter à moi, as-tu une lettre de créance de ton gouvernement, te conférant le titre d'ambassadeur de la République Française ?

— Mais sa Majesté sait bien que...

— Eh oui, je sais que tu as fini par accaparer la moitié de Tanger, que tu expulses mes sujets, que tu les pressures ou les fais pressurer par tes facteurs, que ta vie s'est passée à mendier, et que te voilà plus riche que moi, je sais cela. Fais-moi donc le plaisir de me débarrasser de ta présence par trop encombrante.

— Permettez, Sire, que je vous présente

cette note, à laquelle je vous prie de faire bon accueil.

Et notre protégé lui remit une requête, tendant à ce qu'il plaise au *maître de l'univers* de lui faire payer une indemnité de cent mille francs pour le dédommager de la perte qu'il avait subie sur les tabacs, apportés contrairement au *firman*[1] qui en défendait l'usage.

— Dis-moi, m'as-tu consulté pour faire tes approvisionnements de ce poison qui abrutit mon peuple ? Non, n'est-ce pas, parce que tu savais bien que je t'aurais fait mettre à la porte? Sors donc immédiatement de chez moi, et n'y remets jamais les pieds.

Voilà, en résumé, la veste remportée par notre fonctionnaire sus-qualifié. Refus des présents. Refus de payer une indemnité au marchand de kif et de tabac.

En fait de mission diplomatique, celle-ci mérite la palme.

Cette leçon devrait servir d'exemple aux

1. On entend par *firman* un ordre ou un permis émanant du sultan.

Français qui se font les complices des Juifs.

Nous ne saurions qualifier la conduite du gouvernement français vis-à-vis de tous ces Arabes qui nous ont donné tant de preuves de leur dévouement. Parmi tous ces braves nous sommes heureux de citer les lieutenants de tirailleurs Amar ben Ahmed, Kaddour ben Tahar, Ameur ben Mustapha, Mamin ben Turkman, Mohamed ben Bocktach, Atman ben Abdérahin, Lakdar ben el Arbi, Tahar ben D'Zitouch, Mohamed ben M'Hamed, Ahmed ben Taieb, Mohamed ben Messadour, Saïd ben el Mançour, Mohamed ben Aliman, Saïd ben Lamara, Sim'aïn ben Abddrackman, Taieb ben Kahal, Rahal ben Ahmed [1]; dont les brillants faits d'armes nous ont été racontés par leurs officiers supérieurs. Ce n'est pas par faveur, eux, qu'ils ont obtenu ces décorations dont ils ont le droit d'être fiers : ils les ont bien méritées.

Nous regrettons de ne pouvoir raconter

1. Tous ces officiers indigènes ont fait plusieurs campagnes, parmi lesquelles nous citerons celle de 1870-71 contre l'Allemagne, et celles plus récentes de Tunisie et du Tonkin.

ici les campagnes de chacun de ces officiers, mais la place nous manque, et nous devons nous borner à leur adresser nos éloges au nom de tous les vrais Français [1].

Les Juifs au contraire, qui ne peuvent nous inspirer que du mépris, jouissent toujours de quelques privilèges. Non seulement lorsqu'ils sont incorporés ils obtiennent continuellement des permissions, pour leurs nombreuses fêtes : Pâques, Premier de l'an, Yom-Kipour, etc., mais encore ils se font exempter des exercices.

---

1. Sous les ministères de Freycinet et Goblet, le général Boulanger avait demandé et obtenu l'application du décret du 24 octobre 1870, relatif à la naturalisation des indigènes musulmans.

L'ancien ministre de la guerre qui, aux yeux des Juifs, avait le tort de mettre son pays en état de défense, comptait sur les Arabes pour augmenter notre effectif militaire.

Sachant combien ces braves soldats avaient été froissés de voir refuser leurs demandes de naturalisation sous le ministère Ferry, il avait cru de son devoir de s'opposer à ce qu'il considérait comme une illégalité.

Les chefs arabes ont conservé un excellent souvenir du général Boulanger, et ils ne craignent pas de répéter, qu'en cas de guerre avec l'Allemagne, leurs sujets se lèveront par milliers sur tous les points du territoire algérien pour combattre dans nos rangs.

On peut consulter *l'ordre de chaque régiment*, à l'approche d'une fête *Kachir*, et on y lira :

« Des permissions seront accordées, de tel à tel jour, aux soldats (armée active et réservistes) du culte israélite. »

Il est un fait tout récent qui nous montre bien les moyens détournés, employés par nos gouvernants, pour obliger les Juifs.

Nous lisons dans le *Radical algérien* du 26 septembre 1887 :

« Hier, au 2ᵉ zouaves, à Oran, *selon les instructions du ministre*, le colonel a demandé quels étaient les volontaires pour les grandes manœuvres.

» Son appel a été accueilli chaleureusement par tous les réservistes français ; mais pas un Juif ne s'est fait inscrire ; et c'est logique, on se fatigue et il n'y a pas de *bédides affires* à faire dans les grandes manœuvres. »

Pas fort, Monsieur le ministre ! Ne pouvant dispenser collectivement les réservistes juifs, vous avez pensé avec raison, que, grâce à vos instructions, les Juifs seuls seraient exempts les Français ayant trop de patriotisme et de dignité pour refuser de marcher.

Mais nous serions curieux de savoir pour quelles raisons le ministre de la guerre n'a demandé que des *volontaires* pour les grandes manœuvres ?

Les Juifs ne se contentent pas des privilèges qu'on leur accorde ; ils essaient de corrompre leurs chefs. Le *Petit Colon* raconte à cet égard :

« Des Juifs, réservistes au 1ᵉʳ zouaves, auraient été assez osés pour offrir à des gradés des sommes variant entre 25 et 60 francs dans le but de se faire exempter des exercices. Bien entendu ces derniers ont refusé avec indignation. Cela ne suffit pas : cette tentative de corruption méritait d'être signalée immédiatement à l'attention des chefs du régiment qui auraient statué ensuite. »

Mais il n'est point nécessaire, paraît-il, que ces restes dégénérés de l'Ancien Testament s'évertuent à chercher un moyen d'exemption des exercices ou des manœuvres. N'est-il pas tout trouvé et le favoritisme qui les protège en tout et partout ne les tirera-t-il pas encore de ce mauvais pas? C'est malheureux à dire, mais c'est ainsi : MM. les Youddis ont été, par ordre supérieur, versés en grande partie dans les compagnies qui ne sont pas astreintes aux manœuvres.

S'il fallait citer d'autres faits à l'appui de notre dire, nous n'aurions qu'à mentionner ce qui s'est passé le vendredi 30 septembre dernier (lendemain du Yom-Kipour) aux exercices de tir d'Hussein-Dey, où les Juifs sont restés couchés sous la tente, pendant que nos compatriotes s'éreintaient à tirailler dans toutes les directions, et cela sous le prétexte que MM. les circoncis n'avaient pas touché de cartouches, par suite de la permission qui leur avait été accordée la veille pour l'observance du Yom-Kipour.

Bien que ces soldats de papier mâché n'aient pas pris part aux manœuvres, les trois quarts en rentrant, pour ne pas dire la totalité, sont restés en arrière et formaient une bande de trainards qui a été très remarquée.

Que serait-ce donc s'ils devaient faire campagne ?

Nous avons appris avec plaisir que, lors de la dernière période d'exercices, les Algériens, furieux de voir les moyens employés par les Juifs pour se soustraire aux nécessités de la vie militaire, n'ont épargné à ceux-ci ni les vexations, ni les persécutions.

Le *Courrier de Tlemcen* du 28 octobre et le *Petit Fanal* du 21 ont demandé une enquête relative aux mauvais traitements dont les Juifs réservistes avaient été l'objet pendant la dernière période de 28 jours.

Nous croyons que toutes les enquêtes ne changeront rien, tant qu'on n'aura pas supprimé le privilège dont jouissent les Youddis. Nous ne pourrons jamais admettre que les Juifs obtiennent des permissions, sous prétexte de fêtes, alors que les Français de sang et d'origine restent enfermés à la caserne.

Voilà l'égalité sous le ministère Rouvier, et l'on dira que le judaïsme ne s'infiltre pas partout, même jusque dans l'armée ?

Il serait bien difficile de prouver le contraire.

S'il est des Français assez lâches pour protéger les Juifs, il en est d'autres au contraire qui évitent toute promiscuité avec les descendants d'Israël :

Le 14 juillet dernier, le bataillon scolaire d'Oran devait être passé en revue en même temps que l'armée. Ces futurs soldats avaient, comme porte-drapeau, un jeune Français, nommé R., très aimé de ses camarades.

Les Juifs demandèrent au commandant du bataillon, M. de Lestoc, capitaine en retraite, de remplacer, pendant la revue, le porte-drapeau français par un des leurs, nommé Toledano.

M. de Lestoc accéda à cette demande et le jeune R. fut remplacé aussitôt par le youddi.

Sans l'insistance de plusieurs instructeurs, tous les Français seraient immédiatement sortis des rangs.

Après la revue, la moitié du bataillon, R. en tête, a envoyé sa démission : il n'est resté que des Juifs au bataillon scolaire. Les jeunos démissionnaires considéraient comme un outrage la remise du drapeau français à un Juif, c'est-à-dire à l'insulteur même de ce drapeau.

M. Belin envoie fréquemment de Tanger aux journaux indépendants d'Alger certains détails sur les exploits des Juifs marocains.

Dans une récente correspondance, se faisant l'exécuteur de Français vendus aux Juifs marocains, il disait, après avoir raconté leurs honteux exploits :

« Voilà comment les choses se passent au Maroc ! Et pas un journaliste n'a eu le courage de traîner ces hommes au pilori de la conscience publique et de dire à tous : les voilà dans toute leur horreur; chassons-les et que ce soit vite fait.

» Nous qui voulons être utiles à notre pays et à nos compatriotes ; nous, qui voulons que les intérêts français prospèrent et grandissent au lieu de tomber avec ces tristes individus qui traînent dans la fange l'honneur du drapeau national au Maroc, nous les démasquons et nous les démasquerons tous, sans en oublier un seul et sans en ménager un seul. »

Nous ne voyons plus dans les tribunaux de commerce que des magistrats juifs. Le vice-président de la chambre de commerce de Constantine, Salfati Isaac, est Juif; le juge le plus influent du tribunal de commerce de Bône, Achille Weill, est également Juif. Bien qu'adversaire acharné de M. Fawtier, il n'eut pas la délicatesse de se faire récuser dans l'affaire Cadet-Fawtier. Son ami et coreligionnaire, Mᵉ Ephraïm Narbonne, avocat défenseur, prétend diriger le tribunal¹, et si les magistrats français ne se conforment pas à ses ordres, il les insulte. En 1885, le *Petit Bônois* mettait le procureur général en demeure de se prononcer sur les attaques dirigées avec perfidie par l'avocat juif contre certains juges.

1. Cet avocat juif avait et a encore la prétention de préparer les décisions du tribunal. Dans chaque affaire, il dit à ses clients que les magistrats *ont des raisons* pour se conformer à ses conclusions.

Mᵉ Ephraïm doit cependant se rappeler la leçon que lui a donnée un de ses confrères, sous les yeux mêmes des juges.

Le tribunal avait eu tort, disait-il, de poursuivre les Français (de contrebande), qui avaient voté, lors des élections législatives, alors qu'ils étaient rayés des listes électorales.

L'*Indépendant* de Constantine, organe d'Isaac, parlait de son côté de la condamnation à un mois de prison d'un Juif qui avait voté sans droit, étant failli, et des poursuites exercées contre quatorze autres. Il espérait sans doute que M. Thomson réussirait à faire gracier ces individus, qui s'étaient *compromis* pour lui.

C'est là un aveu qui nous surprend de la part de l'*Indépendant*. Voilà quinze Juifs, qui ont pris part au vote, n'en ayant pas le droit! Et combien d'autres qu'on n'a pas poursuivis! Et les morts!!! Car on a constaté que des individus décédés depuis la clôture des listes électorales ont été pointés sur les listes de vote.

La justice est, comme nous l'avons dit, entre les mains des Juifs qui s'en servent contre les Français et les Arabes. Depuis

15.

quelques années, des milliers de musulmans ont été volés et ruinés par les Juifs et jamais on n'a poursuivi les voleurs.

Que les conseillers généraux Alphandéry, Woltz, Uhry, Krapt, David, Bloch et Ulhmann, appuyés par le rabbin Bloch, préparent ces fameux décrets, et les adressent au ministre compétent, par l'intermédiaire de M. Tirman, c'est une insulte jetée à la face de nos nationaux! Mais que des magistrats français refusent de poursuivre les Tabet Abraham, Jaïs Salomon, Isaac, Simon Elie, Lévy, Perz, David, Cosman, etc., qui, sous le titre de banquiers ou de changeurs, prêtent à 100 p. 0/0 par semaine, alors que les faits sont établis et que l'usure est réprimée par nos lois, c'est ce que nous appelons en France de la prévarication !

Le tribunal de commerce d'Alger a été saisi d'une affaire qui nous semble confiner de très près à la police correctionnelle :

Un brave Youddi, Messaoud-Cohen-Solal, installa, il y a quelques années, un *bilit goumirce* de tissus, confections et autres objets de pacotille, spéciaux aux bazars des coreligionnaires d'Aaron Firbach.

Il y avait dans la boutique Solal des rossignols fantastiques, sans valeur aucune, mais que de complaisants experts, *tris counus sour li plèce dAlgir*, évaluèrent complaisamment à quelques centaines de mille francs.

Fort de son inventaire fictif, — tout est fictif dans ce drame commercial, sauf les bouillons gobés par les fabricants de la métropole, — abrité par l'honorabilité de ses lanceurs, le Cohen-Solal put faire venir de France des marchandises à long terme, les écouler à bon compte; mais... voilà où se dresse un *mais* terrible..... le *Manc*, *Thecel*, *Pharès* de cette orgie des Balthazars du *bitit goumirce* algérien.

Cohen-Solal, homme de paille, selon son expression, dans sa lettre navante au syndic, devait chaque mois verser à la Compagnie Mantout des sommes énormes, hors de proportion avec les bénéfices qu'il pouvait réaliser.

Tant que les marchandises des fabricants

français ont duré, l'établissement Cohen Solal a été comme une petite monnaie, où se fabriquait clandestinement le numéraire dont on avait besoin.

Puis un beau jour, l'homme de paille, fatigué du rôle qui lui est octroyé, se retire à la campagne, laissant à M. Eugène Mantout la triste mission de liquider une association dont l'actif s'est chiffré, après des millions d'affaires, à la somme dérisoire de *960 francs*, montant des étagères du magasin ! Il est vrai qu'on s'était procuré une autre *victime*, à qui les rossignols du magasin Solal avaient été repassés avec majoration, bien entendu. D'où nouveau crédit ; nouvelle fabrique de papier fictif et de circulation..... et naturellement nouvelle catastrophe.....

Il ne saurait exister aucun doute sur la culpabilité d'Eugène Mantout, qui, en l'absence de Cohen-Solal et, sans être ni *associé*, ni *commanditaire*, ni *employé*, a conduit les ténébreuses opérations de cette... étrange maison de commerce.

D'inimaginables tours de force ont été accomplis par Mantout et ses associés. Il y a surtout une histoire de billets de complaisance de la modique somme de 200.000 francs chaque, dont une demi-douzaine au moins, mis en circulation, seraient la cause originelle du procès actuel.

En résumé, un fait matériel important se dégage du procès Mantout-Cohen-Solal.

Abusant de leur position commerciale et d'un crédit exagéré accordé par la Banque d'Algérie, crédit alimenté par un papier fictif, un groupe de mercantis juifs, présidé par un personnage ayant une fiche illimitée en banque, a pu, sous le couvert d'un ou de plusieurs hommes de paille, exploiter la place d'Alger et arracher des centaines de mille francs aux négociants de la Métropole, abusés par l'honorabilité et la surface commerciale, apparentes, de ces soi-disant notables israélites.

L'affaire sera curieuse à plus d'un titre : et la banque juive, ses habiletés, ses roueries et ses trucs, s'y étaleront dans tout leur beau. Ce n'est plus là seulement le « *bitit goumirce* », c'est surtout l'exploitation, sur une grande échelle, de l'art, si familier à la famille d'Israël, de gagner de l'argent avec l'argent des autres.

Cette affaire se rattache, par plus d'un côté, à celle dont nous avons déjà parlé (Witersheim), à propos du crédit excessif accordé par la banque à certains privilégiés, et du papier fictif et de circulation qui en formait le principal aliment.

Le commerce sérieux, honnête, a le plus grand intérêt à ce que ces *dessous* obscurs de la banque juive, plus ou moins interlope, soient éclairés. Il est nécessaire que la lumière se fasse sur cette exploitation insolite du crédit public.

Après de semblables faits, on trouve étonnant que Français et Arabes, ruinés par les Juifs, se révoltent contre leurs exploiteurs !

Mais c'est le gibet qu'il faut aux Juifs pour leur faire expier le mal qu'ils nous ont fait.

Tous ceux qui connaissent l'Algérie reconnaîtront avec nous que les Arabes sont réellement d'une bonne pâte, pour continuer à servir la France, après toutes les injustices commises à leur égard.

Nous avons, à titre de renseignements, pris les noms de tout les officiers indigènes, (portant la croix des braves) dont les parents ont été ruinés par les Juifs. Nous avons :

Dans la province d'Alger :

Les lieutenants Kaddour ben Tahar, Omar ben Ali et Mohamed ben Sliman, et les sous-lieutenants M'Hammed ben Messaoud, Kouider ben Ahmed, Ali ben Rahbia, Mohamed ben el Kassem et Zagour ben Slimar ; — dans celle de Constantine, les lieutenants Mohamed ben Kouan et Rahal ben Ahmed, et les sous-lieutenants Larby ben Ahmed, Ali ben Abd el Ouad et Mohamed ben Ahmel ; — dans la province d'Oran, les lieutenants Mohamed ben Messaoud et Ahmed ben Taieb, et les sous-lieutenants Resgui ben Mohamed et Embarck ben Aiech.

Lorsque les parents de ces officiers, qui ont cependant des droits acquis à notre protection, venaient réclamer contre l'exploitation dont ils avaient été victimes de la part des Juifs, nos fonctionnaires répondaient le fameux *balech* ou *roh* traditionnel accompagné souvent de quelques coups de matraque.

Si les députés d'Algérie ne veulent représenter que les Juifs, nous trouverons en France des représentants qui défendront les Algériens et les Arabes.

X

PROJET MICHELIN-GAULIER

On a soulevé souvent la question si intéressante de l'émancipation des Arabes, mais les Juifs ont empêché jusqu'à ce jour que cette question soit portée devant l'opinion publique.

En juillet 1884, Messaoud ben Djebari a fait, à la salle de la rue Daunou, une conférence sur l'Algérie. Après avoir résumé l'histoire de notre colonie, l'orateur concluait à l'octroi du droit de citoyen français à nos compatriotes musulmans.

Cette question a une certaine importance au point de vue de l'impôt arabe.

Jusqu'en 1878, les conseils de préfecture de l'Algérie ont jugé que tous les indigènes de l'Algérie *indistinctement* devaient être assujettis au paiement des contributions arabes, lesquelles frappaient, antérieurement à la conquête, tous les habitants du pays conquis : musulmans et Juifs [1].

Le Conseil d'État n'a pas été toujours de cet avis, et, depuis 1878 notamment, il a rendu un grand nombre d'arrêts aux termes desquels les Juifs indigènes naturalisés français par le décret inconscient du gouvernement de la Défense nationale du 24 octobre 1870 (décret Crémieux), ainsi que les musulmans munis

---

[1]. Nos législateurs semblent se préoccuper fort peu du budget colonial. C'est surtout en Tunisie que l'administration financière laisse à désirer.

Si l'on compare le budget tunisien de 1875 à celui de 1887, on s'aperçoit que les frais de perception, au temps de la commission financière, s'élevaient à 6 0/0 des recettes, tandis que la direction financière actuelle, qui réalise 400 000 francs de plus-value rien que sur l'impôt des loyers, a élevé ses frais de gérance de 6 à 16 0/0. D'où vient cet écart énorme entre deux époques dont la première ne passait pas pour un modèle ? La cause unique est le développement de la plaie du fonctionnarisme. M. Cambon a lutté tant qu'il a pu contre cette marée montante et on lui reprochait de ne rien faire.

d'ordonnances de naturalisation, devaient être exemptés du paiement des impôts arabes.

Les conseillers de préfecture de l'Algérie ont dû s'incliner devant ces arrêts d'une juridiction supérieure, et en conséquence ils ont modifié leur jurisprudence à cet égard.

Nous ne pouvons nous empêcher de dire que cette immensité d'impôts, dont bénéficient des individus qui sont restés les mêmes qu'autrefois, et que notre civilisation n'a pas encore touchés, est excessive et impolitique.

La masse des indigènes musulmans nous sait fort mauvais gré de ces exemptions, et, à ses yeux, la condescendance des conseils de préfecture, dans l'application d'un principe de droit étroit, passe pour de la faiblesse. Le prolétaire arabe ne peut admettre, en effet, qu'un Juif indigène, jadis courbé sous le bâton des Turcs, puisse être traité à l'égal d'un citoyen français.

L'immunité dont il s'agit peut, dans l'avenir, être dangereuse pour notre sécurité, et, dès à présent, elle rompt, d'une manière fâcheuse pour nos finances, l'équilibre de notre budget colonial. Il n'est donc que temps que l'on se préoccupe d'une manière effective de rechercher ailleurs des ressources destinées à ne pas entraver l'essor des départements et des communes de l'Algérie.

Tel doit être, à notre avis, une des conséquences du projet Michelin-Gaulier, dont le but est de donner à tous les indigènes d'Algérie les droits et les devoirs des citoyens français.

En somme, ce qu'on a fait pour les Juifs, pourquoi ne le ferait-on pas pour les Arabes ?

Un Arabe vaut bien un Juif, ce nous semble !

Si l'on écoute les journaux intéressés, c'est-à-dire les journaux juifs, l'idée paraît impraticable et même dangereuse.

On nous crie : « Vous allez faire citoyens et soldats français des Arabes fanatiques ou ignorants, qui s'armeront contre nous du fusil et du bulletin de vote à l'occasion. »

Eh bien ! supposons que la loi soit votée et que trente mille Arabes soient incorporés dans les cadres de l'Armée française. Que pourrait faire, en cas de révolte, ce contingent relativement faible et disséminé dans un grand nombre de garnisons ? Ne serait-ce pas une précaution élémentaire d'isoler les diverses fractions d'indigènes et de les disperser dans les détachements où ils seraient en nombre inférieur, soit en Algérie, soit en France ?

C'est ce qu'on ferait avec empressement.

Donc, aucun danger d'insurrection[1]. Voilà pour le péril militaire; quant au danger politique, il existe principalement pour les députés juifs de l'Algérie, qui verraient leurs électeurs Kachirs écrasés sous la masse des électeurs indigènes, leurs ennemis héréditaires.

Ce n'est donc pas dans les récriminations des Juifs qu'il faut chercher les véritables inconvénients du projet de loi.

D'après la proposition de MM. Michelin et Gaulier, *toutes les lois politiques* de France seraient applicables aux Arabes, mais ils

---

1. Nous ferons remarquer que dans les diverses insurrections des Arabes, on n'a jamais vu un spahis ou un tirailleur indigène sortir des rangs pour trahir la France.

resteraient au point de vue civil soumis à leurs lois personnelles, à moins qu'ils ne déclarassent, conformément au décret du 27 octobre 1870, qu'ils entendent être régis par les lois civiles françaises.

Si le projet est beau et juste en principe, il ne faut pas se dissimuler qu'il est actuellement impraticable.

L'assimilation ne pouvant se faire que progressivement, les gens compétents, comme les conseillers généraux de l'Algérie, auraient pu s'occuper de l'émancipation partielle et émettre un vœu à ce sujet qui eût été transmis au parlement[1].

L'influence juive doit être mise hors de cause ; les Juifs seuls, croyons-nous, ont intérêt à entraver une décision de ce genre. Émancipés trop tôt, ils espèrent que les Arabes ne le seront jamais. Reste à savoir si

---

1. Les auteurs du projet trouveront à la Chambre un grand nombre de députés incapables de se prononcer dans une question qui leur est absolument étrangère.

Les Arabes sont aussi inconnus de la majeure partie des Français que les indigènes de nos colonies les plus éloignées.

eux-mêmes auraient dû l'être ou si les Arabes ne devaient pas être considérés avant eux comme dignes de porter le titre de citoyens français !

Nous souhaitons que le projet de loi soit pris en considération, mais avec de nombreuses modifications.

Si les quelques indigènes venus à nous et vivant avec nous, sont considérés comme dignes d'être Français, pourquoi tous ceux qui possèdent, soit une terre, soit une industrie, payant taxes ou patentes, ayant pris possession de la terre de France, ne mériteraient-ils pas d'être Français ?

Attirer le plus possible les indigènes autour de nos centres, les obliger à se concentrer et à se fixer eux-mêmes sur un territoire dont la propriété sera garantie par nos lois, et leur donnera le droit d'être naturalisés, voilà certes ce qui doit faire l'objet des études de ceux qui s'intéressent aux indigènes.

L'animosité des Arabes qui se maintient contre nous par suite d'une faute aussi lourde qu'impolitique, tombera d'elle-même et n'aura pas de raison d'être lorsqu'ils sauront enfin que ces Juifs vils et méprisés auront de la sorte à compter avec eux. Maintenir la prédominance des Juifs et laisser pendante la question d'émancipation des Arabes n'est plus possible aujourd'hui.

Le point capital de la proposition de MM. Michelin et Gaulier est de savoir comment les musulmans accepteraient cette naturalisation collective.

Ils la demanderaient certainement s'ils connaissaient les avantages qu'ils pourraient en retirer. Mais sur les trois millions d'indigènes qui habitent l'Algérie, deux millions au moins, nichés dans les montagnes ou sur les confins du désert, ne semblent pas se douter qu'ils sont sous notre domination.

Ces malheureux, qui vivent à l'état sauvage, n'ont pas les moindres notions de civilisation. Leur vie animale n'est interrompue que par leurs fréquentes invocations à Mahomet; ils obéissent aveuglément à leur marabout, sans se préoccuper de ce qui se passe autour d'eux.

Pour ceux-là, il serait actuellement inepte de demander la naturalisation.

Mais à côté de ces sauvages, nous trouvons beaucoup d'Arabes qui ont vécu à notre contact et servi dans nos armées. Parmi eux, quelques-uns même ont déjà demandé la naturalisation.

Ceux-là ont certainement accueilli avec joie le projet de loi des deux députés de Paris.

Or, il est une question qui s'impose : ces Arabes renonceraient-ils à leur statut personnel ?

Les auteurs de la proposition laisseraient aux indigènes, devenus citoyens français, le choix entre la loi civile française et la loi musulmane.

Dans l'*Algérie juive*, nous avons dit que le statut personnel des Arabes est réglé par le Coran qui contient à la fois toutes leurs lois religieuses et sociales.

Nous devons reconnaître que les nouveaux Français renonceraient difficilement à leurs habitudes de polygamie et que beaucoup même protesteraient contre notre despotisme.

Mais ce serait là, à notre avis, un bien faible obstacle.

Ce que veulent avant tout MM. Michelin et Gaulier, c'est que les Arabes aient un état civil, qu'il soient électeurs, qu'ils soient soldats !

Après quarante ans de bureaux arabes et de communes mixtes, — ce qui ne vaut guère mieux, — après cent tentatives de rattachements, d'autonomie et autres balançoires officielles, le temps n'est-il pas venu, enfin, d'arracher le peuple arabe au féodalisme et à l'arbitraire des fonctionnaires civils et militaires ?

Communiste intéressé, mais probe, vaillant, l'Arabe méprise le Juif égoïste, spéculateur et lâche. Le décret Crémieux lui a fait une blessure qui saigne encore et qu'il sera difficile de guérir.

Or il est bon de voir si le projet en question serait un remède efficace ?

Si les Arabes naturalisés venaient se fixer

en France, on ne pourrait avoir, en leur faveur, deux poids et deux mesures ; mais du moment où ils ne quitteraient pas le sol natal, pourquoi ne leur conserverait-on pas leur statut personnel ?

Pour obtenir le résultat qu'ont en vue les deux députés de Paris, il ne faut pas aller brusquement, mais progressivement.

On ne saurait songer en effet à faire immédiatement de chaque douar une nouvelle commune, administrée comme celles de France, mais on peut, sans inconvénient, obliger les cheiks à tenir des registres de l'état civil où seraient mentionnés les naissances et les décès.

Nos nationaux se préoccuperaient fort peu du mariage des Arabes naturalisés; ils ne verraient en eux que de nouveaux Français, ayant les mêmes droits et les mêmes charges.

Ainsi que nous l'avons déjà dit, on ne saurait songer actuellement à la naturalisation collective.

M. Sabatier, député d'Oran, qui a étudié la question, nous disait qu'il n'était pas partisan de la naturalisation des Arabes, parce que les nouveaux Français voteraient avec les Juifs.

Dans chaque douar, prétendait-il, les Arabes se conformeront à la volonté de leur chef, et ce chef sera vendu aux Juifs.

Nous sommes bien loin de partager l'avis de M. Sabatier, et nous ne pensons pas que le représentant d'Oran trouve beaucoup de partisans à la Chambre.

Les Arabes professent un trop profond mépris pour les Juifs pour jamais s'allier à eux. Il en est même beaucoup qui demandent la naturalisation dans le seul but de combattre leurs ennemis séculaires.

Malgré les affirmations contraires de M. Sabatier, nous sommes convaincu que nous ne triompherons des Juifs qu'en accordant aux Arabes la qualité de citoyens français.

Le député d'Oran demande, par contre, la naturalisation des Kabyles [1] : « Leurs mœurs, dit-il, se rapprochent des nôtres ; ils sont

1. Voir dans l'*Algérie juive* ce que nous avons dit des Kabyles.

intelligents et travailleurs, et s'ils deviennent électeurs, ils connaîtront la valeur de leur bulletin de vote. »

Si les Kabyles sont, en général, plus intelligents que les Arabes, ce n'est pas une raison suffisante pour faire une exclusion au détriment de ceux que nous avons le devoir d'instruire et de civiliser.

M. Michelin, qui est allé visiter l'Algérie pour étudier les mœurs des Arabes, se rendra à notre avis.

Il voit aujourd'hui que la naturalisation collective des musulmans est chose impossible, par suite même du refus de ceux qui seraient appelés à en bénéficier.

C'est une faveur, il est vrai, qu'on sollicite pour eux, mais une faveur dont ils ne connaissent pas l'importance.

Si la cause des Arabes intéresse réellement MM. Michelin et Gaulier, comme nous l'espérons, qu'ils cherchent d'abord à améliorer la situation de nos indigènes ! Qu'ils demandent pour eux l'instruction, sinon obligatoire, du moins gratuite !

Quant à leur proposition, il leur sera très-facile de la retirer, pour en déposer une nouvelle que tous les Algériens approuveront.

Au lieu de la naturalisation collective, qu'ils demandent la naturalisation partielle et que leur nouveau projet soit ainsi conçu :

« Seront *de plein droit* déclarés citoyens français, tous les indigènes musulmans qui en feront la demande [1]. »

Il n'y aurait pas, comme le demande M. Sabatier, à établir de différence entre les Kabyles et les Arabes.

Ce ne serait plus la carte forcée ; les indigènes ne seraient pas français malgré eux, mais ils auraient le droit de l'être.

Le nombre des demandes ne serait peut-être pas considérable dès le début, mais, grâce à l'instruction, il irait chaque jour en augmentant.

L'adjonction des *capacités indigènes* ne saurait exercer aucune influence fâcheuse sur le corps électoral algérien. Du reste, si on

---

1. Il serait inutile alors de remplir toutes les formalités exigées aujourd'hui pour obtenir la naturalisation.

apprécie notre système électoral dans ses résultats actuels, il ne saurait être plus mauvais.

Mais ce qui est actuellement hors de toute controverse, constaté sur tous les champs de bataille, ce qui est proclamé par tous, affirmé par sa propre histoire, c'est la valeur militaire, très réelle, du peuple indigène, Arabe et Kabyle, c'est-à-dire des sectateurs de Mahomet.

Le général Ferron a dit qu'il prenait des soldats là où il en trouvait : parole profonde et vraie, quoique sentant un peu trop la caserne et le soldat mercenaire.

S'il est très courageux d'élucubrer des tartines chauvines dans les colonnes des journaux, il est très malsain de faire le coup de feu contre les grenadiers de Guillaume.

Les Arabes ont démontré, dans cent batailles, leur ardeur, nous dirons même leur sauvagerie belliqueuse. En cas de conflit avec l'Allemagne, leurs bataillons seraient un auxiliaire précieux, sur lequel nous devons compter et que le devoir de l'administration de la guerre est de préparer.

Si la couardise d'Israël est proverbiale, la vaillance de l'Islam est certaine.

Les patriotes doivent se souvenir de la poignée de turcos qui, surpris à demi-nus, vinrent mourir sur les pièces prussiennes, dont le bronze porte encore l'empreinte de leurs mâchoires formidables.

Des soldats de cette trempe ne sont pas une *quantité négligeable*, et il ferait beau voir, le jour de la bataille, un régiment d'*arbis* aux prises avec les réservistes de Von Bismarck !

Ce jour viendra peut-être !

En tout cas, il faut s'y préparer !

Nous disions, en commençant ce chapitre, que la suppression de l'impôt arabe, qui est une lourde charge pour les indigènes, serait une des conséquences de la naturalisation. Mais le projet ne pouvant être voté tel qu'il a été présenté, nous espérons que MM. Michelin et Gaulier demanderont l'égalité de l'impôt pour tous indifféremment, Français, Arabes et Juifs [1].

(1) Il est un point sur lequel nous appelons particu-

Si ensuite, se rangeant à notre avis, ils arrivent à obtenir la naturalisation partielle et progressiste des indigènes musulmans, ils auront fait beaucoup pour l'Algérie, ils auront fait beaucoup pour la France.

lièrement l'attention de MM. Michelin et Gaulier, nous voulons parler des travaux publics, tant en Algérie qu'en Tunisie.

Pour la Tunisie, écrivait M. Hugonnet, sur deux millions affectés aux travaux de routes et de ponts, le personnel absorbe *500 000 francs*, c'est-à-dire 25 0/0. Encore si ces travaux étaient d'une utilité incontestable! M. de Lanessan a eu raison de les critiquer, car les chemins arabes suffisent bien pour le moment, les transports se faisant principalement à dos de chameau. Il eût été facile de les améliorer, au moyen de prestations indigènes, et de consacrer les sommes, gaspillées pour la construction de routes inutiles, à la garantie d'intérêts pour les chemins de fer.

« N'est-il pas incompréhensible, ajoutait M. Hugonnet, que les contribuables français continuent à payer la garantie d'intérêts à la Compagnie de Bone-Guelma, alors que le budget tunisien donne chaque année des excédents que l'on gaspille en travaux qui ne servent qu'à entretenir d'inutiles fonctionnaires ? M. Pelletan a expliqué jadis à la tribune le genre de spéculation qui se fait au détriment de la Métropole sur cette garantie d'intérêts. Il nous semble qu'il pourrait intervenir dans la commission du budget et à la Chambre pour empêcher que notre argent continue à être distribué, sans nécessité, aux actionnaires de cette compagnie. »

Il ne faut plus que la colonisation soit une entreprise dirigée contre l'épargne de la Métropole, et ne serve qu'à faire vivre des fonctionnaires ou à enrichir des spéculateurs.

CONCLUSION

Nous avons essayé, dans ce second ouvrage, d'apporter des faits à l'appui de la thèse que nous avons soutenue dans l'*Algérie juive*. Il ne suffit pas, en effet, de dire *on nous vole*, il faut faire connaître les voleurs. Le Français, trop confiant par nature, veut des preuves irréfutables pour croire à la culpabilité de ses exploiteurs.

Si, dans certains cas, il n'est pas permis de qualifier les actes de tel ou tel personnage, on a du moins le droit de les spécifier. C'est ensuite au lecteur qu'il appartient de tirer la conclusion.

Nous avions dit dans l'*Algérie juive* : c'est dans les hautes sphères gouvernementales qu'il faut chercher les causes du malaise général ; — nous venons de le démontrer dans ce nouvel ouvrage.

Les Juifs devaient, pour réaliser leur rêve, attirer à eux certains Français, dont la soif des grandeurs serait un puissant stimulant. C'est ainsi que les Picard, Léon Say, Steenakers, Tirard, Rouvier, Dautresme, Duclerc, Barbe, Sarrien, Ferron, etc., ont embrassé la cause des Juifs pour satisfaire leur ambition.

Nous avons expliqué comment Gambetta, sur le conseil de ses coreligionnaires, avait élevé M. Jules Grévy au poste de Président de la République. C'était, disait-il lui-même, une bonne pâte, fort malléable, dont ses amis sauraient se servir.

En ayant dans leur camp le premier magistrat de la République, ils pouvaient choisir les ministres; ils étaient autorisés à nommer les plus hauts fonctionnaires.

Dès le début, les Juifs ont cherché à exploiter les colonies, et, dans ce but, ils ont désigné des fonctionnaires qui leur étaient entièrement dévoués.

L'Algérie a été leur premier point de mire ; ils voulaient conquérir pour eux seuls ce pays où ils avaient été esclaves.

« Les Français, écrivait M. Hugonnet, ont la réputation de ne pas savoir coloniser, et ils la doivent uniquement à l'ineptie des fonctionnaires qui ne peuvent rien entreprendre sans gaspiller inutilement les deniers publics. Ces gens sans idées générales, dépourvus de science coloniale et sociologique, s'imaginent naïvement que tout ce qui existe en France est parfait, même ce que les bons esprits s'efforcent de réformer. Ils croient réaliser un progrès réel en introduisant au dehors les institutions dont nous avons le plus à nous plaindre chez nous. »

M. Hugonnet connaît à fond l'Algérie, dont il parle fréquemment dans ses articles de la *France*. Il a démontré que le mode actuel de colonisation était ruineux pour nos colons. Il voit avec peine le favoritisme dont jouissent les Juifs indigènes, mais il appartient à la presse parisienne et ne peut tout dire...

Lors de la proposition Michelin-Gaulier, M. Hugonnet s'est nettement déclaré partisan de la naturalisation des Arabes. « L'application aux indigènes, disait-il, des lois politiques, en leur laissant leur statut personnel, est chose facile.

« Ce système est pratiqué sans inconvénient dans l'Inde française. C'est le meilleur moyen de mettre fin à des abus qui rendent odieuse la domination française, et la mettront en péril, dès que nous serons en guerre avec une grande puissance. *Il faut absolument sauver l'Algérie.* »

Quelle que soit l'influence des Juifs de France, nous croyons, avec M. Hugonnet, que les Youddis exerceraient leurs exploits avec moins de cynisme, s'ils ne formaient la majorité du corps électoral.

Le jour où l'Algérie sera représentée par les élus des Français et des Arabes, les fonctionnaires hésiteront à favoriser le vol ou l'usure. Kanoui n'osera plus leur dire : Conforme-toi à mes ordres, ou je te fais casser. »

Ce que ne feraient plus les députés indépendants, les Rothschild et autres financiers juifs essaieraient alors de le faire, en intervenant directement, auprès du gouvernement ; mais ils se trouveraient peut-être en face d'une majorité moins docile que celle préparée par Gambetta et M. Ferry.

Parmi les élus qui ont prêté leur concours aux Juifs, plusieurs ignoraient les manœuvres que nous avons exposées dans cet ouvrage.

Nous sommes même convaincu que la plupart ont été des complices inconscients qui ne pouvaient croire à tant de perversité.

Il faut désormais que chaque député sache le rôle joué par nos ministres. Si ceux-ci puisent à pleines mains dans le coffre-fort des Juifs, ces derniers ont, comme compensation, le droit de nous dépouiller impunément.

L'or, dont les Juifs sont aujourd'hui seuls détenteurs, ne leur appartient pas, et nous les obligerons à le rendre, lorsque les hommes qui sont au pouvoir auront assez de dignité pour ne pas se vendre. Nous en avons vu déjà quelques-uns se retirer pour ne pas accepter un marché honteux, mais ils ont eu le tort de ne pas donner aux propositions des gros financiers une publicité salutaire.

Nous avons vu, en Algérie, des magistrats français qui, dans le but d'obtenir un rapide avancement, ont été directement mêlés dans des affaires véreuses.

Il est évident que, sans la complicité de certains hauts fonctionnaires, des faits, tels que celui que nous allons raconter, ne sauraient rester impunis :

« Deux Juifs d'Oran avaient acheté, à des négociants français de Rouen, pour plusieurs centaines de mille francs de marchandises. Quelques jours avant l'échéance, ils écrivirent à leurs vendeurs qu'à la suite de nombreuses pertes ils étaient dans l'impossibilité de payer, mais que, pour éviter une faillite ruineuse pour les uns et les autres, ils avaient trouvé une personne, M. B., homme très honorable, qui se portait garant pour eux et paierait 50 0/0 par annuités sans intérêt.

» M. B. était un ancien fonctionnaire.

» Les créanciers durent accepter les propositions de leurs vendeurs.

» Il avait été convenu avec les deux négociants juifs, que le fils de M. B. serait associé de la maison de commerce et toucherait la moitié des 50 0/0 de bénéfice.

» La maison existe toujours et le nouvel associé est un des personnages marquants de la Juiverie oranaise.

» C'est grâce aux renseignements fournis par certains fonctionnaires..... que les créanciers ont accepté la proposition de leurs débiteurs. »

Lors de la conclusion d'un marché, le Juif songe aussitôt aux moyens qu'il va employer pour voler ses débiteurs. Nous donnons un dernier exemple :

Le nommé Stuyk avait acheté un lot de coton au Juif Chabat. Le marché conclu, l'acheteur jugea prudent de prendre la clef du magasin où était déposée la marchandise. Dans la soirée, Chabat, qui songeait à faire quelques substitutions, fit demander la clef, mais l'acquéreur la lui refusa.

Le lendemain, la marchandise pesée dans le magasin du vendeur fut ensuite transportée chez l'acquéreur. Celui-ci fut fort étonné de constater que le poids, déclaré par Chabat, était bien inférieur à celui qu'il trouvait chez lui.

Lors de la dernière pesée, Stuyk se rendit chez son vendeur pour connaitre la cause de cette erreur : la bascule, qui était préparée pour les achats, n'avait pas été dérangée et il avait ainsi profité du vol projeté par Chabat.

Stuyk a raconté le fait dans une réunion du comité central, alors que Chabat posait sa candidature au conseil municipal.

Tous ces faits se passent sous les yeux de nos compatriotes, qui n'ont pas même le droit de protester.

Nos lecteurs ne doivent pas être étonnés de voir les fonctionnaires algériens à la merci des Juifs gouvernementaux, alors qu'il est démontré que les plus élevés en France sont les valets de ceux qui les nomment.

Si la commission d'enquête, nommée sur

la proposition de M. Cunéo d'Ornano, faisait la lumière sur les tripotages honteux de nos gouvernants, les électeurs français comprendraient enfin quelles sont les préoccupations des hommes au pouvoir, mais les Juifs sont encore assez puissants pour entraver une enquête dont le but est de démasquer leurs complices.

L'affaire Wilson-d'Andlau, etc., n'est malheureusement pas un cas isolé. Dans un ouvrage intitulé *Ministres et financiers,* que nous allons publier très prochainement, nous nous proposons de montrer que le seul souci des ministres de la République a été de tripoter avec les rois de la Finance.

Nous demandons aux journalistes Charles Laurent, Portalis, Rochefort, qui ont protesté énergiquement contre les tripotages de Wilson, d'Andlau et Cie, nous demandons aux députés Michelin et Gaulier, les auteurs du projet de naturalisation des Arabes, de nous aider dans cette campagne que nous menons contre ces hommes sans patrie, qui se sont implantés chez nous !

Le mépris qu'ils semblent professer pour les exploiteurs doit être pour eux un puissant stimulant.

Quoique les Juifs aient acheté toutes les feuilles départementales, les électeurs des campagnes ne sont pas initiés à leurs manœuvres. Ils ont encore confiance dans ces hommes qui vendent au plus offrant l'honneur et la fortune nationale.

Nous venons de démasquer les principaux personnages. Dans les *Élections anti-juives*, nous ferons connaître ceux qui ont joué un rôle secondaire.

Il faut qu'aux élections législatives de 1889, chaque électeur connaisse les candidats de son département.

Le verdict de la nation sera terrible pour les Juifs et on sera amené à faire l'application des paroles prononcées par Crémieux, peu de temps avant sa mort :

« Nous en avons trop fait, cela nous coûtera cher ».

INDEX

DES NOMS CONTENUS DANS L'OUVRAGE

A

Aaron Samuel 58, 185, 186
Abd-el-Kader 52.
Abraham 143, 173.
Abraham ben X. 73.
Adler 116.
Aggoub 34.
Ahmed ben Brahim 107.
Ahmed ben Taieb 308.
Ali ben Abd el Ouad 323.
Ali ben Mohamed 199, 218, 219.
Ali ben Rahbia 323.
Alibert 78.
Allaman dit Allan 133, 134, 135, 136, 137, 138, 168.
Alphandéry 318.
Amar ben Abdérahim 308.
Amar ben Ahmed 308.
Amar Moïse 60.
Ameur ben Mustapha 308.
Andlau (d') XI, 350.
Andrieux 268, 269, 270, 271.
Appietto 116, 213, 214, 215, 218, 230.
Arène 226.
Augereau 105, 106.

B

B. 317, 348.
Bachmayer 211, 212, 213, 214.
Baerswald 116.
Bagros 68.
Baisse 214.
Bahïaut 283, 288.
Barbe 288, 343.
Baudin 277.
Belin 305, 315.
Benchimol, 305.
Bensaïd Moïse 62.
Belvert Ch., 121.
Beslay père 94.
Bismarck 295, 297, 299, 300, 340.
Bloch conseiller général, 318.
Bloch rabbin 318.
Bohadjar 244.
Bonvallet 106.
Bossan 122.
Boucri 70.
Boulanger 300, 309.
Bourlier 254, 255, 256.
Bourne 264.

Bousquet 219, 222, 224.
Bou-Zian 35.
Brahim ben Chériff 107.
Brisson 277, 284, 286.
Brousse 83.
Buzaowitch 65, 66.

C

C(Mme) 97, 98, 99.
Cabasson Marius 24, 25.
  27, 28.
Cadet 314.
Caménich 183.
Cambon 326.
Caperon 164.
Carréja de Morris 156, 157.
Catardji 95.
Cazenave 83.
Cellérié 122.
Chabat 348, 340.
Chamat Jacob 272.
Chavel 155.
Chemla 246.
Chérift ben Ali 219, 222.
Chéronnet 178.
Chouraki 62, 77, 78.
Chlomon 143.
Goggio 226.
Cohen 126.
Colin 273.
Combe 83.
Comolet 219.
Cormi 244.
Cosman 318.
Crémieux 93, 94, 95, 96, 97,
  100, 101, 102, 103, 104,
  108, 111, 113, 115, 116,
  117, 118, 119, 120, 147, 152,
  177, 276, 277, 280, 288,
  296, 334, 351.

D

D. 124.
Daniels 116.

Dardillac 206, 210.
Dautresme 343.
David 318.
Dejouani 108, 229.
Dessoliers 266.
Devès 182, 286.
Diégo Vve 63, 65, 66, 67.
Djian 177, 178, 179, 180.
Douniac 122.
Droyfus Camille 115.
Drumont IX, X, 101, 282,
  287, 301.
Duclaud 205, 206, 208, 209,
  210, 239, 240.
Duclerc 277, 343.
Dunners 116.
Dunaigre 80, 156, 157.
Durieu 83.
Duval Raoul 270.
Duvaux 268.
Duvernoy Clément 164.

E

Eiffel 56, 287.
Elinoul Morali 56.
Elie Léopold 121, 187, 188.
Elie Simon 318.
Embarech ben Aïech 323.
Eon 241.
Ephraïm Narbonne 314.
Esther 219, 222, 224.
Etienne 259, 260, 261, 262,
  263, 264.

F

Favre Jules 277.
Fassina Michel 126.
Fawtier 267, 269, 314.
Feilchenfel 116.
Ferron 339, 343.
Ferry Charles 281.
Ferry Jules 182, 208, 238,
  239, 264, 277, 280, 281, 284,

285, 286, 287, 288, 293, 296, 297, 298, 299, 309, 346.
Firbach 126, 127, 140, 170, 171, 172, 173, 285, 310.
Fontaine (la) 294.
Fonvielle (de) 137, 142.
Forcioli 226, 266, 267, 269, 274.
Fourtou (de) 108, 112.
Franco 249.
Freycinet (de) 276, 282, 283, 284, 286, 288, 300.
Fuld 116.
Fulgoux 206, 210.

G

Gabail 63, 64, 65, 66, 67, 68.
Gabay Josué 61, 62.
Gamberlé 277.
Gambetta 95, 260, 264, 276, 277, 278, 279, 280, 281, 284, 294, 296, 343, 346.
Gaudry 271.
Gaulier 257, 265, 325, 328, 329, 332, 334, 337, 340, 341, 344, 350.
Geille 219, 222.
Glais Bizoin 100.
Goblet 277, 284, 286, 288, 300, 319.
Goldsmid 116.
Graetz 116.
Grévy Jules 277, 287, 294, 343.
Guedy 270.
Guerini 245.
Guillaume 330.
Guillemin 129, 132.

H

Hamoud ben Bourena, 104.
Haubin 244.
Henry à Alger 122.
Henry administrateur 210.

Hentschell 181, 182.
Hentschell jeune 182.
Hérédia (de) 288.
Hugonnet 341, 344, 345.
Hymouna 69, 70.

I

Isaac 58, 154, 170, 175, 185, 186, 189, 258, 280, 318.
Isaac (Mme) 184, 185, 258.

J

Jacob à Alger 58, 143.
Jacob à Oran 36, 37, 40, 41, 42, 43, 44, 45, 46, 47.
Jacques sénateur 257, 258, 259, 298.
Jacques fils 90.
Jaïs Salomon 56, 318.

K

Kaddour 48.
Kaddour ben Tahar 323.
Kalben Rachel 60.
Kanoui 58, 78, 79, 80, 116, 139, 140, 141, 154, 157, 166, 170, 175, 177, 178, 179, 180, 181, 182, 183, 184, 189, 191, 254, 257, 258, 280, 285, 286, 293, 305, 345.
Karsenty 74.
Karsenty (Isaac) 62.
Kouider ben Ahmed 323.
Krapt 318.

L

L. 124.
L. C. 123.
Labuze 240.
Lachaud 57.

Lagarde 80.
Laisant 146, 147, 148, 149.
Lakdar ben el Arbi 308.
Lallemand 106.
Lalouch David 122.
Lambrecht 107, 111, 112.
Lanessan (de) 341.
Lapeyre 163, 164, 167, 168.
Larbi ben Ahmed 323.
Laurent Charles 350.
Lavedan Léon 94.
Lefranc Victor 112.
Legac 214.
Legoff 168.
Legrand de Prébois 136.
Legrand fils 135, 136.
Léon 143.
Lesseps (de) 260.
Lestoc (de), 14.
Letellier 254, 255, 256.
Lévy 88, 89, 90, 318.
Lévy (Mlle) 257.
Liébert 83.
Lindekaert 137.
Lockroy dit Simon 287, 288.
Loyal (François) 284.

M

Maclouf 40.
Mac-Mahon 278, 294.
Magnin 203.
Mairesebile 236, 242.
Mamin ben Turkman 308.
Mantout 319, 320, 321.
Marchal 140, 143, 254.
Mardochée 143.
Margeret 122.
Marfal Waill 68.
Marteau 118, 173, 174, 175.
Martin 252.
Martinez 82.
Martin-Feuillée 237, 238, 285.

Mauguin 225, 235, 252, 253, 254, 258, 293.
Maupas (de) 97.
Mayer Eugène 282, 283.
Melka 85.
Merle 158.
Mesguiche 245.
Messaoud 222, 223, 224.
Messaoud ben Djebari 325.
Messaoud Cohen Solal 318, 319, 320, 321.
Messaoud ben Yamin 62.
M'Hamed ben Messaoud 323.
Michelin 257, 265, 327, 328, 329, 332, 334, 337, 340, 341, 344, 350.
Milano Régis 236, 242, 243.
Millaud 284, 288.
Mohamed (Constantine) 70.
Mohamed (Mansourah) 219, 223, 228, 247.
Mohamed ben Ahmed 323.
Mohamed ben Aliman 308.
Mohamed ben Bocktach 308.
Mohamed ben el Kassem 323.
Mohamed ben Kouan 323.
Mohamed ben Messaoud 308.
Mohamed ben M'Hamed 308.
Mohamed ben Sliman 323.
Mokrani 107.
Mokrani (Mohamed ben Ahmed el) 104, 105.
Moreau 120, 218.
Motte (Janvier de la) 171.

N

Nadjar 246.
Nahon 58.
Nahon Jacob 82.
Narboni 273.
Napoléon III 302.

Neumann 116.

O

Obadia Youde 62.
Obadia Mardochée 62.
Ollendorf 287.
Omar ben Ali 528.
Ornano (Cunéo d') XI, 350.
Orphi 83.
Orsini 194, 195, 196, 197, 201, 203, 204, 205, 206, 216, 217, 218, 219, 220, 225, 226, 227, 228, 229, 230, 243, 247, 249.
Oualid 58.
Oudas 89.

P

Pagès 199, 218.
Pelletier 129.
Pelluet 210.
Perrier 178.
Perz 318.
Petit 122.
Philippe Albert 70.
Philippoteaux 236.
Picard Ernest 100, 277, 343.
Pinas Attali 272.
Pompéi 127, 216, 225, 247, 285.
Portalis 350.
Pozzo di Borgio 82.
Pressecq Rolland 140, 143.
Prunier 210.
Puech 274.

Q

Quintenne 157.

R

R. 314.

Rahal ben Ahmed 308, 320.
Rami 245.
Ravisy 195, 198, 202, 214, 215, 218, 219, 224, 225, 229, 230, 232, 233, 235, 236, 237, 247, 249, 253.
Raynal 237, 285.
Resgui 107.
Resgui ben Mohamed 308.
Reybaud 210.
Rochefort 350.
Rothschild (baron de) 116, 140, 184, 240, 254, 275, 276, 284, 288.
Rousseau 243.
Rouvier 189, 284, 288, 293, 294, 312, 343.

S

S. 123.
Sabatier 259, 265, 335, 336, 338.
Sagnes 107, 198, 218.
Saïd ben el Mançour 308.
Saïd ben Lamara 308.
Salam ben Tahar 87.
Salfati Isaac 316.
Salomon 57.
Salomon ben Chimal, 28, 29, 30, 31, 32.
Samary 254.
Sarrien 343.
Say (Léon) 343.
Sazie 89.
Schémela 57.
Schloumo 173.
Scholl Aurélien 115.
Sebaoun 58.
Sermet 203, 210.
Sfar 90, 272.
Sicotière (de la) 102.
Simon Jules 100, 277.
Sm'aïn ben Abdrackman 308.

Soliman ben Slimar 270.
Shylock 191.
Starcelli 213, 214, 215, 216.
Steenackers 343.
Stora 122.
Stuyck 348, 349.
Suflar 246.
Sultan 74.

T

Tabet Abraham 57, 318.
Tacconis 83, 84, 178.
Tahar ben d'Zitouche 308.
Taieb ben Kahal 302, 303, 308.
Terrier 236, 249.
Thiers 260.
Thomson 114, 184, 207, 266, 267, 268, 269, 270, 271, 273, 293, 317.
Tirard 343.
Tirman 126, 127, 130, 131, 137, 155, 156, 157, 158, 160, 161, 162, 163, 167, 171, 172, 173, 174, 175, 181, 189, 190, 255, 257, 285, 286, 289, 290, 291, 293, 294, 297.
Toledano 314.
Torchon 195, 196, 198, 199, 200, 201, 203, 205, 216, 217, 218, 230, 232, 233, 241, 245.
Touboul 180, 181, 182, 183, 280.

Toussenel VIII.
Treille 204, 205, 206, 207, 209, 219, 225, 246, 267, 268, 269, 270, 271, 274.
Tubiana Henri 143, 169.

U

Uhry 58, 185, 318.
Ulhmann 318.

V

Versigny 268.
Vigliano 244.
Villot 102.
Voinot 166.

W

Waddington 94.
Waldeck-Rousseau 160, 237, 285.
Weill (Achille) 316.
Wilson XI, 350.
Witersheim 183, 184, 322.
Wolski (Kalixt de) 116.
Woltz 318.

Z

Zagour ben Slimar 323.
Zermati 57, 122.

TABLE DES MATIÈRES

PRÉFACE	V
I. — Contes arabes	15
II. — Ces braves Youddis	55
III. — Crémieux et le décret de naturalisation	93
IV. — Les troubles d'Alger	120
V. — Tirman, Firbach, Kanoui et Cie	152
VI. — Révocation d'un magistrat	193
VII. — Les représentants de l'Algérie	251
VIII. — Les ministères complices	275
IX. — Arabes et Juifs	301
X. — Projet Michelin-Gaulier	324
Conclusion	342
Index des noms cités	353

FIN DE LA TABLE DES MATIÈRES

ASNIÈRES. — IMPRIMERIE LOUIS BOYER ET Cie.

EN VENTE A LA MÊME LIBRAIRIE

Envoi FRANCO au reçu du prix en un mandat ou en timbres-poste.

Collection in-18 jésus à 3 fr. 50

V. ALMIRALL
L'Espagne telle qu'elle est, 2ᵉ édition............ 1

FERNAND BOISSIER
Le Galoubet, 5ᵉ édition......... 1
Prudence Raynaud............ 1

FIRMIN BOISSIN
Jan de la Lune, 4ᵉ édition...... 1

ÉLÉMIR BOURGES
Sous la hache, 2ᵉ édition........ 1
Le Crépuscule des Dieux, nouvelle édition............... 1

CHARLES DE BRÉ
Le Roman du Prince Impérial, 7ᵉ édition............ 1

CHARLES BUET
Madame la Connétable....... 1
Contes moqueurs............ 1
Médaillons et Camées....... 1

ROBERT CAZE
Paris vivant, 2ᵉ édition........ 1

ROBERT CHARLIE
Le Poison Allemand, 3ᵉ édition. 1

ALBERT CIM
Institution de Demoiselles, 4ᵉ édition................ 1
La Petite Fée, 2ᵉ édition....... 1

HENRI CONTI
L'Allemagne intime, 4ᵉ édition. 1

G. DE CROLLALANZA
Le Souper rouge, 2ᵉ édition.... 1

PAUL GINISTY
L'Année littéraire 1885, 2ᵉ éd. 1

GEORGES GOURDON
Les Villageoises, poésies, 2ᵉ édit. 1

JULES HOCHE
Le Vice sentimental, 2ᵉ édition. 1
La Fiancée du Trapèze........ 1

L.-P. LAFORÊT
La Femme du Comique, préface d'ÉMILE AUGIER, 2ᵉ édition... 1

CAMILLE LEMONNIER
Noëls Flamands, 2ᵉ édition..... 1

PAUL LHEUREUX
L'Hôtel Pigeon, 2ᵉ édition...... 1

JEAN LORRAIN
Les Lepillier, 2ᵉ édition........ 1
Très Russe, 2ᵉ édition......... 1

FRANÇOIS LOYAL
L'Espionnage Allemand en France, 3ᵉ édition............ 1

JACQUES LOZÈRE
Randemont, 4ᵉ édition......... 1
Mariages aux champs, 2ᵉ édit.. 1

GEORGES MAILLARD
L'Organiste, 3ᵉ édition......... 1

PAUL MARGUERITTE
Tous Quatre, 2ᵉ édition...... 1
La Confession posthume, 2ᵉ éd. 1
Maison ouverte, 2ᵉ édition...... 1

TANCRÈDE MARTEL
La Main aux Dames, 2ᵉ édit.. 1
La Parpaillote, 2ᵉ édition...... 1

OSCAR MÉTÉNIER
La Grâce, 2ᵉ édition........... 1
Bohême bourgeoise, 2ᵉ édition.. 1

GEORGES MEYNIÉ
L'Algérie juive, 3ᵉ édition...... 1

ISAAC PAVLOVSKY
Souvenirs sur Tourguénef, 2ᵉ édition............... 1

ÉMILE PIERRE
A Plaisir, 2ᵉ édition........... 1

ALBERT PINARD
Madame X., 2ᵉ édition........ 1

PAUL POUROT
A quoi tient l'Amour, 2ᵉ édit... 1

JEAN RAMEAU
La Vie et la Mort, 2ᵉ édition.... 1

J.-H. ROSNY
Nell Horn (de l'Armée du Salut), 2ᵉ édition................ 1
Le Bilatéral, roman parisien de mœurs révolutionnaires, 2ᵉ édition.. 1
L'Immolation, 2ᵉ édition...... 1

LÉO ROUANET
Chambre d'Hôtel, 2ᵉ édition.... 1

CAMILLE DE SAINTE-CROIX
La Mauvaise Aventure, 2ᵉ édit. 1
Contempler, 2ᵉ édition......... 1

ALBERT SAVINE
Les Étapes d'un Naturaliste. 1

LOUIS TIERCELIN
Amourettes, 2ᵉ édition......... 1
Les Anniversaires............. 1
La Comtesse Gendelettre..... 1

LÉON TIKHOMIROV
Conspirateurs et Policiers (souvenirs d'un proscrit russe)..... 1

COMTE LÉON TOLSTOÏ
Ma Confession, trad. ZORIA, 3ᵉ éd. 1

LÉO TRÉZENICK
Les Gens qui s'amusent, 2ᵉ éd. 1

JULES VIDAL
Un Cœur fêlé, 2ᵉ édition....... 1
Blanches Mains, 2ᵉ édition..... 1

CHARLES VIRMAITRE
Paris qui s'efface, 2ᵉ éditon... 1
Paris-Escarpe, 6ᵉ édition...... 1
Paris-Canard, 2ᵉ édition...... 1

KALIXT DE WOLSKI
La Russie juive, 3ᵉ édition..... 1

www.ingramcontent.com/pod-product-compliance
Lightning Source LLC
Chambersburg PA
CBHW070901170426
43202CB00012B/2147